어떻게 **이슬람**은 **서구의 적**이 되었는가

어떻게 **이슬람**은 **서구의 적**이 되었는가

타마라 손 지음 | 김문주 옮김

이슬람에 대한
서구의
오해와 편견

시그마북스
Sigma Books

어떻게 **이슬람**은 **서구의 적**이 되었는가

발행일   2017년 5월 15일 초판 1쇄 발행
지은이   타마라 손
옮긴이   김문주
발행인   강학경
발행처   시그마북스
마케팅   정제용, 한이슬
에디터   권경자, 장민정, 신미순, 최윤정, 강지은
디자인   최희민, 우주연

등록번호   제10-965호
주소   서울특별시 영등포구 양평로 22길 21 선유도코오롱디지털타워 A404호
전자우편   sigma@spress.co.kr
홈페이지   http://www.sigmabooks.co.kr
전화   (02) 2062-5288~9
팩시밀리   (02) 323-4197
ISBN   978-89-8445-872-7(03340)

Is Islam an Enemy of the West?

이 책의 국립중앙도서관 출판예정도서목록(CIP)은 서지정보유통지원시스템 홈페이지(http://
seoji.nl.go.kr)와 국가자료공동목록시스템(http://www.nl.go.kr/kolisnet)에서 이용하실 수 있
습니다. (CIP제어번호: CIP2017008843)

* 시그마북스는 ㈜시그마프레스의 자매회사로 일반 단행본 전문 출판사입니다.

나의 가족들에게,
변함없는 사랑과 지지에 감사드리며

감사의 글

이 책을 기획하고 나에게 책을 쓸 용기를 준 폴리티 프레스의 루이스 나이트에게 가장 먼저 감사의 말을 전하고 싶다. 또한 흔들림 없이 나를 이끌어주고 지지해준 존 L. 에스포지토 교수와 존 O. 볼 교수에게도 감사드린다. 무슬림 형제단이 민주주의와 발전, 법치주의를 추구하고 테러리즘에 반대하며 벌이는 현 투쟁의 목표와 전략을 명료하게 설명해주신 가말 헤시마트 박사, 암르 다라그 박사, 후세인 엘카자즈 박사, 야히야 하메드 박사에게 깊이 감사드린다. 원고를 유려하게 공들여 편집해준 저스틴 다이어에게도 감사드리고 싶다. 그리고 조지타운대학교의 내 제자들에게 특히 감사의 말을 전한다. 제자들이 던진 적절한 질문들 덕에 여러 해에 걸친 연구와 방향을 이 간결한 방식 안에 녹여낼 수 있었다.

차례

01

이슬람 대 서구

이슬람은 서구세계의 적인가? 어찌 보면 기묘한 질문일 수도 있겠다. 고대세계를 지배하던 종교가 현대 지정학적 세계의 적이 될 수 있을까? 그러나 뉴스에 귀를 기울여보면 그렇게 생각할 만한 이유가 충분해 보인다. 인터넷 세상에선 신의 명령에 따라 사람들을 전도하거나 살해하겠다고 주장하는 테러리스트들의 위협이 넘쳐난다. 그리고 이러한 위협들은 아랍계 테러리스트 19명이 미국 본토를 공격한 2001년 9월 11일 이전에 이미 시작됐다. 1996년 알 카에다의 지도자 오사마 빈 라덴(2011년 사망)은 두 성지가 자리한 땅, 즉 이슬람이 태동한 두 도시인 메카와 메디나가 위치한 사우디아라비아를 장악한 미국인들에게 전쟁을 선포했다. 1998년에 빈 라덴은 또 다른 연설을 통해 전 세계의 무슬림들에게 미국인과 그들의 군사적·비군사적 동맹을 무찌르고 돈을 빼앗으라고 명령했다. 빈 라덴은 이것이 바로 세계 각 나라에 있는 신체 건강한 무슬림들이 지닌 의무라고 강조하면서, 미군은 악의 무리이며 미국은 민주주의 국가이기 때문에 모든 미국인들은 미 정부가 추진하는 정책에 책임을 져야 한다고 주장했다. 그로부터 6개월이 채 되기도 전에 알 카에다 공작원들은 아프리카에 위치한 미 대사관 두 곳에서 폭탄을 가득 실은 트럭을 폭파시켜 200명 이상의 사상자를 냈다. 9·11 테러 이후 빈 라덴은 뉴욕과 워싱턴에서 3,000명에 가까운 사람들의 목숨을 앗아간 성공적인 테러에 흡족해하며 다시 한 번 메시지를 전파했다. 이어서 2004년에는 마드리드에서 200명 가량의 사람들이, 2005년에는 런던에서 50여 명의 사람들이 목숨을 잃는 테러가 발생했다. 알 카에다는 마드리드나 런던 테러의 배후가 자신들이라고 밝히지 않았지만 누가 봐도 알 카에다의 영향을 받은 만행이었다. 따라서 알 카에다가 이슬람을 대변한다면 실질적으로 이슬람을 서구의 적으로 볼 수도 있겠다.

9·11 테러 이후 반서구적 무슬림 집단이 크게 증가하고 있다. 2002년에는 나이지리아 무장단체인 보코 하람이 전면에 부상했다. 보코 하람은 북부 나이지리아 지역에서 엄격한

이슬람 율법으로 무슬림들을 지배하기 시작했고 머지않아 나이지리아 전역을 넘보게 되었다. 2015년 보코 하람은 나이지리아는 시작일 뿐이라고 선언하며 다시 기세를 높였다. 나이지리아에서 아프리카 전역으로 세력을 확장하고 이를 전 세계를 장악하기 위한 기지로 활용하겠다는 것이었다. 보코 하람을 이끄는 아부바카르 셰카우는 누구든 보코의 법을 따르지 않는 자는 살해하거나 노예로 삼겠다고 말했다.

보코 하람은 오늘날 가장 성공한 이슬람 무장단체인 IS(이전까지는 이라크 알 카에다, ISIL, ISIS 또는 다에시로 알려져 있었다)[1]에 충성을 맹세해왔다. IS는 이라크 서부와 시리아 동부 지역을 지배하고 있다. IS의 수장 아부 바크르 알 바그다디는 이슬람이 전 세계를 제패하도록 IS가 그 선봉에 설 것이라 주장한다. 그는 이슬람이 '불신'과 마지막 결전을 벌이고 있으며 평화를 위한 시대는 끝났다고 선언했다. 또한 알 바그다디는 자신이 해석한 이슬람 율법에 전 세계가 복종할 때까지 무슬림들은 칼을 휘둘러야 하며 이는 심판의 날까지 계속되어야 한다고 주장했다.

서구에 대항해 전쟁을 일으켜온 건 비단 21세기 테러리스트 집단만이 아니다. 매년 이란 정부는 이슬람 정체政體를 구축한 1979년 혁명을 기념하며 공개적으로 미국을 맹비난한다. "미국에게 죽음을!"이 이란의 슬로건이다. 1979년 혁명을 이끈 아야톨리 호메이니(1989년 사망)가 미국을 '거대한 사탄'으로 규정하면서 이 슬로건은 인기를 끌었다. 여기엔 무슬림 국가들이 직면한 모든 문제의 근원은 단 하나이며 그것은 바로 미국이라는 생각이 오롯이 담겼다. 실제로 1980년대 후반 오사마 빈 라덴은 알 카에다를 창설하면서 이 슬로건에서 영감을 얻었다. 알 카에다는 이집트, 이스라엘, 사우디아라비아와 같은 특정 서구 동맹국과 분쟁을 일으키는 대신 직접 그 근원으로 돌진했다. 빈 라덴은 무슬림에게 '극악무도'하고 '타락'한 세력인 미국과 싸울 의무가 있다고 말했다. 그 이유는 꽤나 단순했다. 바로 미국이 "인류 역사상 가장 최악의 문명"이기 때문이었다.[2]

그러니 일부 극우 정치인들과 시사평론가들이 이슬람을 서구의 적이라 주장하는 건 놀라운 일이 아니다. 네덜란드 정치인 헤이르트 빌더르스는 이슬람의 경전 코란을 아돌프 히틀러의 자서전 『나의 투쟁』에 견주며 네덜란드에서 이를 금서로 지정해야 한다고 주장한다. 현재의 난민사태가 벌어지기 이전에도 빌더르스는 무슬림의 유럽 이민을 막아야 한다고 요구했다. 그렇지 않으면 향후 20년 내에 무슬림이 유럽 대륙을 지배하면서 '메스껍고 파시스트적'인 이데올로기를 강요할 것이란 이유에서였다. 빌더르스는 이슬람이 사실상 서구와 전쟁을 벌이는 중이라고 확신한다. 프랑스 정치인 마린 르 펜 역시 이에 동의한다. 르 펜도 시리아 난민 문제가 불거지기 전부터 북아프리카에 있는 프랑스의 옛 식민지에서 무슬림들이 이주해오는 데에 우려를 표했고 이를 제2차 세계대전 시절 나치의 점령에 비교하기도 했다. 르 펜은 군사적 점령이 아닐지라도 무슬림의 이주 자체가 프랑스의 문명사회를 심하게 위협하리라고 보았다. 미국의 작가 로버트 스펜서도 조국에 비슷한 조언을 내놓았다. 스펜서는 미국이 무슬림들의 이주를 허용하면서 스스로 파멸의 길에 접어들었다고 경고한다. 이슬람이 처음부터 파시스트적인 종교로 출발한 건 아니었지만 시간이 지남에 따라 은밀한 프로젝트로 변했다는 것이다. 그는 이 프로젝트의 목적은 미국인 전체를 이슬람 율법으로 다스리고 모든 비무슬림을 법적 하층민으로 만드는 것이라고 주장했다. 스펜서의 말에 따르면 이슬람은 전 세계적으로 포스트 나치, 포스트 스탈린에 견줄 만한 전체주의적인 위협이다. 2010년에 스펜서는 시민운동가 패멀라 겔러와 손을 잡고 미국자유수호협의회를 창설했다. 미국자유수호협의회는 미국 이슬람화 반대단체 SIOA^{Stop Islamization of America}로 불리기도 하며, 2007년 덴마크와 영국의 시민운동가들이 세운 유럽 이슬람화 반대단체인 SIOE^{Stop} ^{Islamization of Europe}의 카운터파트다. 이러한 단체의 설립자들은 전체주의적 이슬람이 전 세계로 손을 뻗치고 있다는 공포를 공유하면서 전 세계 사람들에게 이슬람의 음모를 알려야 한다는 강박에 시달린다. 2015년에 미국의 보수 논객 글렌 벡은 저서 『이슬람에 대하여^{It IS about Islam}』를 통해 세계를 장악하려는 이슬람의 진짜 속내를 공개했다. 벡은 비단 이슬람 극단주의자만이 위협적인 존재가 아니라 보았다. 종교로서의 이슬람과 그 경전인 코란은 모든 비무슬림들을 정복하고 이들을 지옥으로 몰아넣도록 명하고 있으며, 이것이 "오늘날 벌어지는 미국에 대한 끈질긴 괴롭힘"의 이유라는 것이다.[3]

국제적인 무장단체의 지도자가 미국과 그 동맹국에 맞서는 것이 이슬람의 뜻이라고 믿고 있다는 데엔 의심의 여지가 없다. 그러나 국제 무장단체가 이슬람을 대표한다고 믿을 필요도 없다. 우선 다수의 무슬림들이 이미 서구에 살고 있다. 미국으로 이주한 첫 무슬림은 아프리카 노예들로, 그 시기는 16, 17세기까지 거슬러 올라간다. 오늘날 무슬림들은 미국과 캐나다, 유럽 정부에서 근무하며 서구의 경제, 교육, 그리고 예술 분야에서 활발히 활동하고 있다. 무슬림은 여러 서구 국가에서 두 번째 혹은 세 번째로 인구수가 많은 소수민족이다. 더군다나 서구 국가들은 다양한 무슬림 국가들과 돈 독한 양국관계를 맺고 있다. 그러나 무엇보다 가장 큰 이유 는 대다수의 무슬림들이 테러집단의 주장에 반대한다는 데 에 있다. 2001년부터 2007년까지 갤럽은 전 세계 무슬림의 의견을 수집하는 가장 큰 규모의 여론조사를 실시했다(그 결 과는 2007년에 발표됐다). 인구통계학적으로 전 세계 무슬림의 적어도 90퍼센트를 대표할 수천 명 가운데 무려 93퍼센트가 9·11 테러가 정당하지 않다고 보았다. 정당하다고 대답한 7 퍼센트도 자신의 견해에 대해 종교가 아닌 정치적인 이유를 들었다. 그리고 응답자의 대부분은 서구적 삶의 여러 측면을 동경한다고 대답했다.[4] 이후 실시된 다양한 지역적 조사에서 도 동일한 결과들이 도출됐다. 예를 들어 2015년 미국의 비 영리 여론조사기관인 퓨 리서치가 실시한 여론조사는 압도 적인 수의 무슬림이 IS에 대해 부정적인 시각을 가졌음을 보 여줬다.[5]

　이러한 여론조사들은 익명으로 테러리즘을 비난하는 주 류 무슬림 종교지도자들의 시각을 반영한다. 무슬림 종교지 도자들은 테러리스트들의 협박만큼 언론의 헤드라인을 장식 하지는 못하지만 9·11 이후 지속적이고 공개적으로 테러리 즘을 비난해왔다. 노스캐롤라이나대학교 사회학과 교수 찰

스 커즈먼은 9·11 직후 발표된 공동성명을 비롯해 테러리즘
에 반대하는 공식 선언문들을 모은 웹사이트를 운영하고 있
다.[6] 여기에는 이집트의 이슬람 원리주의 단체 무슬림 형제
단, 팔레스타인의 반이스라엘 무장단체 하마스, 튀니지의 이
슬람주의 정당 엔나흐다, 그리고 전 세계 협력단체들을 이
끄는 지도자들의 견해가 포함됐다. 이들은 "우리는 모든 인
간적 규범과 이슬람 규율에 반하는 9·11 사태를 강력히 규
탄한다"라고 선언한다. 노스캐롤라이나대학의 이 사이트에
는 70개 이상의 공동규탄문과 기타 링크들이 담겼다. 유사한
내용의 비판들이 수없이 쏟아지고 있으며 가장 최근에는 보
코 하람과 IS의 극악무도한 행위에 반대하는 내용들이 발표
됐다. 이들은 모두 동일한 원칙을 준수한다. 이슬람 율법은
무고한 시민을 살해하는 것을 금하고 적법하게 선출된 국가
원수만이 전쟁을 선포할 수 있으며 이 경우에도 전쟁은 오직
최후의 수단이어야 한다는 것이다. 또한 이슬람 율법은 인질
극과 정치범 사형, 재산 파괴와 노예화, 여성 탄압, 그리고
강제 개종을 금한다. 무슬림들의 반테러리즘 선언들은 이슬
람이 종교의 자유와 생명존중을 포함해 인권의 보호를 약속
한다는 점을 더욱 강조한다.

　따라서 대다수 무슬림들의 관점에서 국제적인 테러리스트

들은 아웃라이어이며, 이는 실질적으로 테러의 희생자 대부분이 무슬림인 이유를 설명해준다. 이러한 추세 역시 9·11 사태가 벌어지기 이전부터 시작됐다. 알 카에다의 전신 중 하나인 이집트 테러리스트 조직은 1981년 안와르 사다트 이집트 대통령을 암살하면서 이름을 알렸다. 이 사건은 전형적인 정치암살이었다. 암살범들은 사다트가 팔레스타인 영토를 불법적으로 점령한 이스라엘과 미국에 협조했을 뿐 아니라 독재정치를 펼쳤다고 비난했다. 그러나 근본적인 이유는 따로 있었는데 그 이유가 매우 독특했다. 사다트가 행했던 정치적 행위들이 사다트가 그저 이름뿐인 무슬림임을 입증하며, 따라서 사다트는 죽어 마땅한 변절자라는 것이다. 정작 이슬람 율법에서는 아주 오랫동안 명백한 무슬림을 변절자로 몰아붙이는 행위를 금지해왔으나 지난 10년간 테러리스트들이 이를 어기는 빈도가 잦아지고 있다. 그리하여 국제 테러리스트들은 아프가니스탄, 파키스탄, 이라크, 시리아와 터키에서 무슬림 대량학살을 자행하게 됐다.

그러나 주류 무슬림들이 테러리스트들의 전략을 비난하면서도 과격파들과 일부 정치적 관심사를 공유하고 있는 것은 사실이며 이를 간과해서는 안 된다. 식민지 역사를 지닌 모든 국가들이 그러하듯 무슬림 국가들도 정치·경제적 발전의 지체와 그로 인해 발생하는 사회적 문제들로 어려움을 겪고 있다. 전 세계적으로 무슬림 국가는 50여 국에 달하며 이들은 거의 유럽 제국주의의 희생양들이었다. (일부 국가는 여전히 식민지 상태다. 인도양의 마요트 섬은 프랑스령이며, 보스턴 마라톤 테러범의 고향인 체첸공화국은 러시아 연방에 속해 있다. 또한 모로코의 일부 지방은 스페인 속령이다.) 무슬림 국가들은 대부분 20세기 중반에 이르러서야 독립을 달성할 수 있었고 이를 위해 피나는 노력을 기울여야만 했다. 물론 석유산업은 몇몇 무슬림을 세계 최고의 부호로 만들어줬지만 이들은 전 세계 무슬림 인구 가운데 아주 일부일 뿐이다. 문제는 소득분배의 불균형이다. 가장 부유한 국가에 가장 적은 수의 인구가 살고 있는 것이다. 예를 들어 석유 부국 아부다비의 수도에는 시애틀이나 더블린보다 적은 50만 명의 시민이 살고 있지만 1인당 평균 연간소득은 거의 10만 달러에 이른다. 그러나 전 세계 무슬림 인구는 16억 명에 달하며 전체 인구의 약 4분의 1을 차지한다. 이들 중 대부분은 석유산업과는 동떨어진 아시아 지역에서 살고 있다. 예를 들어 파키스탄의 인구는 1억 8,500만 명이며 일부는 매우 부유하나 내부분은 하루 벌이가 4달러에도 미치지 못한다. 아마도 전 세계 무슬림의 3분의 1이 아프리카에 살고 있지만 여기서도 역시 소득분배의 불균형이 큰 이슈다. 나이지리아는 아프리카에서 가장 큰 국가이자 아프리카 최고 부호인 단고테그룹의 알리코 단고테 회장의 고향이지만 대부분의 국민들은 2달러로 하루를 살아간다.

식민시대의 갈등이 여전히 해결되지 않은 지역도 있다. 이스라엘은 UN 안전보장이사회 결의안을 무시한 채 팔레스타인을 점령했으며 러시아는 체첸을 무력으로 다스렸다. 카슈미르족이 자신들만의 정치적 미래를 꿈꾸며 투쟁하는 동안 인도와 파키스탄은 카슈미르 지방을 두고 분쟁을 일으켰다. 전 세계 무슬림들은 이들 지역에 대해 우려를 표하고 있다. 또한 다수의 무슬림들은 서구 국가들이 독재정권들을 지원하고 미국이 아프가니스탄과 이라크 지역에서 전쟁을 주도하는 것에 반대하는 입장이다.

그러나 일부 문제에 대해 주류 무슬림들과 급진적 무슬림들이 공감대를 형성하고 있다 하더라도 둘의 세계관에는 명백한 차이점이 존재한다고 볼 수 있다. 예를 들어 주류 무슬림들 역시 서구 국가들로부터 종교적으로 거의 존중받지 못한다고 생각하지만 국제 테러리스트들은 이를 이슬람에 대한 전쟁으로 받아들이고 반서구운동을 정당화한다는 차이가 있다.

무엇보다 주류 무슬림과 급진적 비주류 간의 가장 중요한 차이점은 우려를 표명하는 전략에 있다. 누구나 그렇듯 무슬림들도 공정하고 효율적인 통치와 경제적 발전을 원한다. 대다수 무슬림은 대의정치, 피통치자들의 합의를 바탕으로 하는 통치, 법과 인권을 바탕으로 하는 지배를 추구한다. 무슬림들은 이러한 것들이 이슬람 원리에 부합되며 서구의 정책들은 가끔 이 목표를 훼손한다고 본다. 그럼에도 주류 무슬림들은 목표달성을 위해 서구를 공격하는 대신 지역적, 국가적, 국제적 차원에서 평화로운 방식으로 노력한다.

그러나 정치·경제적 발전을 위한 투쟁이 길어질수록 좌절하는 사람이 늘어나고, 일부 무슬림들은 과격파의 길로 접어들게 된다. 팔레스타인의 인기 힙합그룹 DAM(아랍어로 '피'를 의미한다)은 불법적인 영토 점령에 항거하니 과격파라고 비난받게 되는 모순을 랩으로 풀어낸다. DAM은 "자살폭탄을 낳은 건 강간당한 아랍의 영혼"이라는 유명한 가사를 만들어냈다. 실제로 여론은 오늘날의 심각한 난민사태는 물론이고 국가적 수준의 급진주의가 국제적인 지하디즘(이슬람을 위한 종교적 투쟁을 의미하는 지하드에서 파생된 말로, 이슬람 근본주의 무장투쟁운동을 총칭한다—옮긴이)으로 변하게 된 데에는 '테러와의 전쟁'이라는 명분을 내세운 서구의 군사주의가 직접적 원인이라고 본다. 결국 2003년 미국이 이라크 침공을 주도하면서 자칭 IS가 탄생하게 된 것이다.

그러나 대다수 무슬림은 과격파가 아니란 점을 기억해야 한다. 테러리스트와 주류 무슬림을 자극하는 동기, 그리고 이 둘이 추구하는 목적과 전략 간의 근본적인 차이를 이해한다면 주류 무슬림에게 또 하나의 과제를 던져준 국제적인 지하드 조직의 폭발적인 증가 현상을 이해하기도 쉬워질 것이다. 또한 이는 국제 테러단체의 급증에 대응할 수 있는 효율적인 방법을 찾는 데 도움이 될 것이다. 우리는 지하드 전사들의 동기와 방법의 개요부터 시작해 이러한 이슈들을 살펴볼 예정이다.

02

지하드: 메시지, 동기, 방법

2015년 새해는 1월 7일 파리에서 이슬람 선지자 무함마드를 모욕하는 만평을 실은 풍자 전문 주간지 「샤를리 에브도」의 직원 11명과 경찰관 1명을 살해한 두 형제의 테러로 시작됐다. 그리고 그해의 마지막은 11월 13일 파리의 밤을 즐기던 130명이 희생된 더 큰 규모의 공격과 12월 2일 캘리포니아 샌버나디노의 복지 시설에서 14명이 살해된 총기난사 사건으로 마무리되었다. 이 두 사건 중 어느 하나, 혹은 지난 20년간 발생했던 수많은 사건들이 이슬람을 대변한다면 이슬람이 서구와 전쟁을 벌이고 있는 것이 분명해 보인다. 그리고 알 카에다와 그 분파인 IS 같은 조직의 지도자들이 하는 이야기에 귀를 기울여보면 이러한 인상은 더욱 강해진다.

앞장에서 언급했듯이 이슬람 무장단체의 지도자가 처음으

로 성명을 발표한 건 1996년이었다. 알 카에다를 갓 창설한 오사마 빈 라덴은 "두 성지가 자리한 땅을 점령한 미국인에 대해 전쟁을 선포"한다고 밝혔다. 빈 라덴의 분노는 사우디아라비아를 다스리는 왕가를 향하고 있었다. 빈 라덴은 사우디아라비아 왕가가 개선의 여지도 없이 부패했고 부조리하다고 주장했다. 이슬람 율법에 준거해 엄격히 통치하지 않는다는 이유에서였다. 그러나 빈 라덴이 보기에 사우디아라비아의 궁극적인 죄는 아라비아 반도에 미국 주둔을 허용한 데에 있었다. 미군 주둔 비용이 사우디 은행을 파산시킬 뿐 아니라 이 이교도 '십자군'이 신성한 이슬람의 심장부를 더럽히고 있다는 것이었다.

　왜 미군이 사우디아라비아에 주둔하고 있었으며 빈 라덴은 그리 분노했을까. 이에 대한 답을 찾기 위해 우리는 1979년의 이란으로 거슬러 올라가야 한다. 당시 이란은 중대한 혁명을 겪는 와중이었다. 모하마드 레자 샤 팔라비 황제는 민중봉기로 인해 왕위에서 물러났다. 혁명 이후 아야톨라 호메이니가 이끈 정부는 전왕前王을 지지하는 서구세계의 대척점에 있었다. 혁명 도중 학생운동가 한 무리가 미국 대사관을 점거했고 1년이 넘도록 인질극을 벌였다. 이에 맞서 미국은 군사독재자 사담 후세인이 지배하던 이웃 국가 이라크

26

가 이란을 침공할 수 있도록 도왔다. 후세인은 훗날 미국에 의해 축출됐으나 이란 혁명 당시에는 중요한 미국의 동지였다. 이라크의 이란 침략은 이후 8년간 계속된 피의 전쟁으로 이어졌다. 양국에서 수십만 명이 희생됐다. (이라크가 사용한 무기 중에는 미국 군수회사가 후세인 측에 판매한 재료로 만들어진 화학무기도 포함됐다.) 전쟁이 치러지는 내내 호메이니는 후세인뿐 아니라 아라비아 반도 내에서 서구 국가와 협력한 모든 정부를 전복시키겠다고 협박했다. 이는 페르시아 만에 위치한 석유 부국, 그중에서도 특히 쿠웨이트와 사우디아라비아를 위축시켰다. 이들은 이라크를 지지하면서 수십억 달러를 쏟아부었다. 1988년 마침내 휴전이 선포되자 페르시아 만 국가들은 이라크에 투자한 자금을 후세인이 되갚아주길 원했지만 후세인은 자신이 이라크를 위해서만이 아니라 혁명기의 이란에 위협받던 모든 국가를 대신해 싸운 것이라 설명했다. 게다가 8년간 거듭되는 전쟁으로 사담 후세인의 재정은 완전히 파탄에 이르렀고 아무것도 되돌려줄 수 없었다. 이라크 소식통에 따르면 이에 쿠웨이트가 국경을 넘어 이라크의 유전을 향해 땅을 뚫기 시작했다. 쿠웨이트는 역사적으로 이라크의 일부였다. 대영제국은 1932년 이라크 지역의 독립을 승인했음에도 1961년까지 쿠웨이트를 지배했다. 이 두 국가는 특히나 풍부한 유전을 가로지르는 국경에 대해 이견을 좁히지 못하고 있었다. 후세인은 쿠웨이트를 되찾을 때가 왔다고 판단하고 쿠웨이트를 침략했다. 이때가 1990년이었다. 미국은 그다음 해 쿠웨이트를 구제하기 위해 등장했고 한 달여의 걸프전쟁을 통해 이라크 군대를 쫓아냈다.

 그러나 사우디아라비아는 후세인이 자신들에게 진 빚이 있기 때문에 다음 희생자는 자신들이 될 것이라 걱정했다. 때맞춰 소비에트 연방은 아프가니스탄에서 철수했다. 소련의 아프가니스탄 점령은 이란의 이슬람 혁명과 같은 해에 시작된 일이었다. 실제로 미국은 이라크가 그 적인 이란을 쳐부수도록 돕는 동시에 아프가니스탄이 미국 최대의 적 소련을 이기도록 돕고 있었다. 동맹국들의 도움을 바탕으로 미국은 수많은 자원자가 아프가니스탄으로 들어가 공산주의자들과 싸울 수 있도록 훈련시키고 채비를 했다. 사우디아라비아 출신 오사마 빈 라덴도 그중 하나였다. 1988년 소비에트가 패배한 후 외국인 자원입대자 대부분은 고국으로 돌아갔다. 그러나 일부는 고국의 정부로부터 수배를 받아 고향으로 돌아갈 수 없는 형편이었다. 해결책을 모색한 끝에 이들은 무슬림이 공격받는다면 언제 어디서든 싸울 준비가 되어 있는 전사들의 집단이 되기로 결정한다. 이들은 스스로를 아랍어로 '기지基地'라는 의미의 '알 카에다'라 불렀다. 창설 초기에 이들은 다음 역할이 무엇이 될지 확신하지 못했으나, 사담 후세인의 위협을 인식하게 되면서 빈 라덴의 고국 사우디아라비아를 출발선으로 삼은 것으로 보았다. 따라서 빈 라덴은 사우디아라비아를 이라크로부터 보호하기 위해 노련한 전사들로 구성된 자신의 조직을 고향으로 데려왔다.

사우디 정부는 예상과는 달리 빈 라덴의 제안을 거부함으로써 그를 분노케 했다. 대신 사우디아라비아는 미군을 끌어들였다. 빈 라덴은 '이교도'를 받아들이는 건 무슬림의 심장부인 메카와 메디나에 대한 신성모독과 매한가지라고 주장했다. 그 죄는 사우디 정부가 '죄악'과도 같은 미국과의 연합을 통해 이스라엘을 지원하게 되면서 더욱 무거워졌다. 이스라엘은 1967년부터 메카와 메디나에 이어 세 번째로 성스러운 이슬람 성지인 예루살렘을 차지하고 있었다. 빈 라덴 말에 따르면 사우디아라비아 정권은 언제나 무슬림사회를 재통합하겠다고 약속해왔지만 오히려 더욱 분열하도록 만들었다. 사우디 정권은 미국에서 무기를 사들였다. 그리고 빈 라덴은 미국이 아라비아 반도 내 주요 무기상이라는 걸 정확히 알게 되었다. 미국은 사우디 정부뿐 아니라 이스라엘에도 무기를 판매함으로써 이스라엘이 "팔레스타인을 점령해 무슬

29

림을 땅에서 내쫓고 살해하도록" 돕는다는 것이었다. 실제로 빈 라덴은 미국이 의도적으로 지도자들을 조정해서 무슬림이 분열되고 약화되도록 한다고 주장했다. 그리고 미군의 주둔이 사우디아라비아의 "군사적 점령을 위한 사전작업"의 일환이라 보았다. 그 증거로 빈 라덴은 자신이 1996년에 선언문을 발표하기 한 달 전 미 국방장관 윌리엄 페리가 이야기한 바를 인용했다. 페리는 미군이 사우디아라비아에 주둔하면서 미국의 이익을 뒷받침하게 될 것이라 말했다. 따라서 빈 라덴은 사우디 정권이 이슬람의 적과 손을 잡은 것이라고 주장했다.

이때가 바로 빈 라덴이 미국을 모든 전사들이 동의하는 하나의 목표로 삼게 된 시기다. 머지않아 알 카에다는 곧 뉴욕 세계무역센터에서 첫 테러공격을 자행한다. 이로 인해 6명이 사망하고 1,000여 명이 부상당했다. 1996년 빈 라덴은 무슬림들에게 "우리의 신성함을 십자군(미국인)과 시온주의자(이스라엘인)로부터 구원하여 이들을 내쫓고 좌절하고 패배하게 만들어야 한다"고 강조했다. 이어서 빈 라덴은 사우디 정권은 비난받아 마땅하지만 "이 상황의 근본적이고 주된 원인은 우리를 점령하고 있는 미군이라는 적이다. 따라서 적들이 완전히 패배할 때까지 파괴하고 싸우고 죽이기 위해 노력을

기울여야 한다"고 말한 후 사우디아라비아의 도시 리야드와
코바르에서 미군 기지를 공격한 최근 테러에 참여했던 사람
들을 칭송했다. 빈 라덴은 다른 지역 가운데 이스라엘이 점
령한 팔레스타인, 러시아가 침공한 체첸, 지지율 낮은 친러
시아 정부가 다스리는 타지키스탄 등에서 고통받는 무슬림
에 대해 언급하면서 지하드를 상기시켰다. 그리고 무슬림에
게 고통을 안겨주는 자들에 대한 증오를 표현하면서 젊은 무
슬림들은 미국인과 이스라엘인을 상대로 싸우는 데 집중해
야 한다고 말했다.[1]

　지역적 분쟁에서 배후 세력으로 간주되는 단 하나의 적에
포커스를 두는 건 이슬람 역사상 유례없는 일이었다. 사실
이는 오직 직접적으로 공격해오는 '가까운 적'과만 싸우도록
되어 있는 코란의 가르침(2장 192~194절, 9장 123절)을 위배하는
것이었다. 그러나 오사마 빈 라덴은 종교적 지도자가 아니
었다. 빈 라덴은 정규적인 종교 교육을 받은 적이 없었고 대
학에서는 토목공학을 전공했다. 정치와 관련해서는 무슨 말
이든 할 수 있지만 종교의 이름으로 무슬림들이 어떤 행동
을 하도록 명할 권한은 없었다. 그러나 빈 라덴은 개의치 않
았다. 1998년 알 카에다가 탄자니아와 케냐의 미국 대사관을
폭파시키기 5개월 전 빈 라덴은 '파트와fatwa', 즉 권위 있는 종

교적 의견이라면서 성명을 발표했다. 이번에는 종교학자 4명이 이를 인정했다. 이 성명을 통해 빈 라덴은 다시 한 번 미군의 아라비아 반도 주둔을 점령이라 표현하며 미국과 이스라엘에 대한 비난을 반복했다.

1991년 걸프전쟁 이후 미국의 주도하에 이라크는 국제사회의 제재를 받게 되었다. 1998년 빈 라덴이 파트와를 발표하던 당시 이러한 제재는 이라크 국민들의 심각한 기아사태를 야기했다. 빈 라덴은 그 결과 50만 명의 어린이들이 목숨을 잃었다는 사실을 강조했다. 이는 특히 1996년 매들린 올브라이트 미 국무장관이 CBS와 했던 인터뷰에 이어 다시 한 번 전 세계적인 분노를 일으켰다. 당시 올브라이트는 빈 라덴이 인용한 것과 동일한 UN 식량농업기구의 통계에서 나온 끔찍한 사망자 수에 대해 질문을 받았다. 올브라이트는 이에 대해 매우 어려운 상황이지만 정부는 이러한 죽음이 "마땅히 치러야 하는 대가"라 생각한다고 대답했다. 올브라이트는 후에 자신의 발언을 사과했지만 너무 늦었다. 이미 전 세계적으로 분노를 사게 된 것이다. 1998년 빈 라덴은 특유의 감상적인 언어로 이뤄진 파트와를 통해 "십자군과 시온주의자 간의 동맹이 우리에게 남은 것들을 모조리 앗아가고 무슬림 이웃들을 모욕"하려 시도한다고 주장했다.

그리고 또다시 빈 라덴은 미국이 UN 안보리 제재안을 지속적으로 위반하며 이스라엘을 지원한다고 비난했다. 빈 라덴은 실질적인 전투와 외교 정책을 동일하게 보았다. 군대 주둔, 제대, 정치적 동맹 이 모든 것을 전쟁으로 받아들였다. 그것도 여느 전쟁이 아닌 종교전쟁이었다. 팔레스타인에 거주하는 기독교인의 존재를 무시한 채 빈 라덴은 "미국인이 저지르는 이 범죄와 죄악은 신과 예언자(무함마드-옮긴이), 그리고 무슬림에 대한 명백한 전쟁선포다"라고 주장했다. 따라서 미국과 싸우는 건 자기방어의 문제라는 것이 빈 라덴의 결론이었다.[2]

2001년 9월 11일 테러리스트들이 미국을 공격하고 뒤이어 미국이 아프가니스탄을 침공하면서 빈 라덴은 미국인만을 대상으로 한 또 다른 성명서를 발표했다. 빈 라덴은 미국에게 '성스러운 전사' 무자헤딘^{mujahideen}과 함께 아프가니스탄에서 소련을 격파한 성공담을 상기시켰다. 빈 라덴은 무슬림이 "전前 악의 제국 소련을 파멸"시킬 수 있었으며 미국 역시 마찬가지라고 말했다. 그리고 미국인들은 악행을 멈춰야만 하며 그러지 않으면 무슬림들은 그들과 싸울 준비가 되어 있다고 경고했다. 빈 라덴은 "이슬람 국가들이 영혼 가장 깊은 곳에서부터 미국의 오만함과 교만함을 경멸하고 있음을 잘

알고 있을 것이다"라고 말했다.[3]

빈 라덴은 2011년 3월 미군 작전으로 암살당했다. 그러나 이렇게 해서 위협이 끝난 건 아니었다. 오히려 전 세계 지하드 전사 가운데 빈 라덴의 후계자들은 더욱 과격해졌다. 알 카에다는 미국을 붕괴시키려 한다. 궁극적으로 알 카에다 지지자들은 아라비아 반도(이들은 '사우디'아라비아라는 이름을 사용하기 싫어한다)에 칼리프(caliph, 정치·종교적 권력을 아울러 갖는 이슬람 교단의 지배자—옮긴이)가 다스리는 나라를 세우고 그렇게 모든 무슬림을 재통합하기를 원한다. 이는 요원한 목표지만 우선 이들은 미국을 파멸시켜야 한다고 믿는다. 알 카에다는 시리아 내전에서 시리아 정부와 싸우는 등 기회가 주어질 때 특별한 임무를 부여받는다. 그리고 이들은 반미투쟁을 통해 기꺼이 미국 동맹국들을 공격한다. 그러나 알 카에다는 기본적으로 통치자가 아닌 전사들이다. 국제 테러리스트들의 그 다음 세대는 달라졌다. 이들은 영토를 선포할 기회를 기다릴 이유가 없다고 생각하며, 어떠한 기회든 나타나면 취한다. 이 세대는 2003년 미국이 이라크를 침공한 이후 알 카에다의 하부조직으로 시작한 한 단체로 대표된다. 2014년부터 이들은 스스로를 IS, 즉 이슬람 국가Islamic State라고 부르고 있다.

제1차 세계대전 직후 칼리프 제도가 폐지되면서 칼리프

통치국의 복원을 주장하는 집단들이 등장했다. 칼리프 통치국은 중세의 교황령에 해당하는 이슬람식 국가로 정치·종교적 권위가 존재하는 곳으로 그려진다. 제1차 세계대전 당시 마지막 칼리프 국가였던 오스만제국이 해체되고 분할되었다. 오스만제국의 중심부는 터키가 되었고, 아라비아 반도의 중동 지역을 지나 북아프리카까지 뻗었던 나머지 지역은 영국과 프랑스, 그리고 리비아를 지배한 이탈리아에 빼앗겼다. 20세기 중반 이 지역은 중동과 북아프리카의 여러 아랍 국가가 되었다. 새로운 칼리프 국가를 주장하는 다른 단체들은 전투적인 면모를 띠지 않으며 많은 지지를 얻지도 못하고 있다. 그러나 자칭 IS는 사뭇 다르다. IS는 현재 칼리프 통치국의 복원을 주장한다. 그리고 이는 이슬람의 종교적 통합만을 상징하는 것이 아니라, 통일된 지정학적 이슬람 통합체를 목표로 한다. 또한 이러한 목표는 윤리적 설득뿐 아니라 무력을 통해서 달성해야 한다고 주장한다. 여기에는 이에 저항하는 무슬림을 대상으로 하는 무력 행사도 포함된다. 2003년 미국의 침공으로 말미암은 이라크 군정의 붕괴와 시리아 내전 덕에 IS는 이라크와 시리아 사이의 국경 지역까지 확장된 상당한 크기의 영토를 실질적으로 차지하게 되었다. 이는 새로운 단계의 국제 테러리즘, 즉 알 카에다 2.0을 의미한다.

그러나 이 새로운 세대는 서구에 대한 맹렬한 분노를 자신의 모체인 알 카에다와 공유한다.

유태인을 비롯한 서구에 대한 분노는 분명 테러리스트들이 사용하는 효과적인 마케팅 도구로 보인다. 서구에 대항하는 전사들을 모집하기 위한 전문적인 인터넷 미디어기구에서는 IS의 지도자 아부 바크르 알 바그다디가 내놓는 격한 음성파일을 번역해 널리 퍼트린다. 2014년 7월에 공개된 가장 유명한 연설에서 알 바그다디는 무슬림들에게 다음과 같이 명령했다. "자리를 박차고 일어나라. 허약함의 족쇄에서 벗어나 폭군들을 마주할 시간이 왔다. 그리고 위선적인 지배자들 십자군의 앞잡이인 기독교인과 무신론자, 그리고 유태인의 수호자들에 맞서라!" 그는 중앙아프리카에서 버마에 이르기까지 전 세계의 무슬림을 공격하는 이들에게 복수할 것을 맹세하면서 이상적인 천국에서 무슬림 모두를 다스리는 칼리프 국가를 재건하겠다고 선언했다. 알 바그다디는 이라크와 시리아에서 갓 국가를 세웠다.[4]

알 바그다디의 발표에 대해 무슬림사회의 지도자들은 부정적인 반응을 내놓았다. 예를 들어 명망 높은 수니파 학자인 유수프 알 카라다위는 이 성명서를 위험천만하다고 일축하고 이슬람 율법상 타당성이 없다고 밝혔다. 그러나 알 바그다디는 단념하지 않고 전사 모집을 계속했다. 1년이 채 지나기도 전에 알 바그다디는 모든 진정한 무슬림은 유태인과 기독교인, 그리고 신실하지 못한 무슬림과 '기타 무신자'를 대상으로 어느 곳에서든 전투를 계속해야 한다고 새롭게 강조했다. 알 바그다디는 진정한 무슬림은 그러한 사람들과 화해하거나 평화롭게 살 수 없으니 행동을 취하라고 경고했다. 무슬림 1세대가 예언자 무함마드를 따라 메카부터 메디나까지 이동했듯 그가 세운 IS에 합류해야 한다는 것이다. 대부분의 무슬림은 히즈라(hijra, 이주)로 알려진 이 여정을 1,400여 년 전에 이뤄진 단 하나의 사건으로 여긴다. 그러나 알 바그다디는 이에 동의하지 않는다. 히즈라는 모든 비무슬림 국가로부터 자신이 세운 정당성 있는 이슬람 정체政體로 이주하는 것이며 이러한 이주는 언제나 모든 무슬림에게 주어진 의무라는 것이다. 게다가 대부분의 무슬림은 지하드, 즉 전쟁은 오직 적법하게 세워진 국가의 원수만이 선언할 수 있고 이는 마지막 수단이 되어야 한다고 믿는다. 그러나 알 바그다디의 관점에서 지하드 역시 모든 무슬림이 평생 짊어져야 하는 의무다. 그리고 이는 무슬림 대부분이 믿듯 자위의 수단으로 싸우는 것이 아니다. IS의 지도자에게 지하드는 비무슬림과 '거짓' 무슬림을 포함해 무신자들이 적대행위를 먼저 시작했는지 여부와는 상관없이 이들과 싸우라는 명령이다. 알 바그다디의 말에 따르면 진정한 신도에게 히즈라와 지하드 모두를 행하라는 명령은 예수가 지구로 돌아와 최후의 심판을 시작할 때까지 계속되어야 한다. (무슬림들은 선이 악을 물리치고 최후의 승리를 거두기 위한 준비를 하기 위해 예수가 재림한다고 믿는다.) 실제적으로 알 바그다디의 종말론적 관점에 따르면 심판의 날이 가까웠다. 지금이 바로 세상의 종말이고 선은 최종적으로 악을 물리쳐야 한다. "전투는 자비로운 신의 동맹과 사탄의 동맹 간에 치러진다"는 것이다.

알 바그다디는 무슬림이 악의 화신이 저지르는 악행과 충돌하는 과정에 있다면서 서구와 그 외 자신들의 전투에 참여하지 않는 모든 이들을 겨냥했다. 빈 라덴은 서구가 방향을 바꾸면 교정될 수 있는 존재라 생각했다면 IS의 지도자는 그러기엔 너무 늦었다고 본다. 결국 선과 악의 세력은 사력을 다해 싸울 것이고 선이 승리를 거두게 되며 여기에 함께한 모든 이들은 영원히 보상받게 된다. 반면에 그 나머지는 죄인에게 걸맞은 극심한 고통으로 고난받는다. 이는 보편적인 투쟁이며 예외는 없다.[5]

무슬림에 반하는 이슬람

그리하여 만약 알 카에다와 IS의 지도자들이 이슬람을 대표한다면? 그렇다, 이슬람은 서구의 적이 된다. 그러나 이는 여러 이유에서 매우 엄청난 '만약'이 된다. 우선, 앞장에서 이야기했듯 테러리즘의 희생자 중 대다수가 무슬림이다. 이라크와 시리아에서 근거지를 세우기 위해 IS는 이라크 및 시리아군과 전쟁을 벌이고 주민들을 정복해야 했다. IS의 출현 이후 이라크 내 사상자 수는, 이를 실제로 집계하는 유일한 단체인 이라크 바디 카운트(영국에 본부를 둔 이라크 내 민간인 사상자 기록 비정부기구-옮긴이)에 따르면 17만 4,000명 이상이다 (2016년 3월 기준). 이 사상자 수 가운데 얼마만큼이 IS에 의해 희생되었는지 알 수는 없지만 UN 인권기구 보고서는 2014년 6월 모술이 IS에 함락된 후 거의 1만 명 이상의 민간인이 희생됐다고 발표했다. 이들은 무슬림과 기독교인으로 대부분 IS의 공격 탓인 걸로 보았다. 2011년 시리아 내전이 시작된 이래 적어도 25만 명의 민간인이 사망했다. 대부분의 사상자는 시리아 정부가 자국민을 공격하면서 발생했다. 이는 몇몇 지역이 자발적으로 IS 지배하에 종속되기를 희망하는 이유를 설명해준다. IS는 알사드 시리아 대통령에게 유일하게 유효했던 무력단체로 보인다. 그러나 좀 더 흥미로운 사실은, 2011년 이후 거의 500만 명의 시리아 국민이 알사드 정권이나 그 대안인 IS의 만행에 굴복하기보다는 난민이 되었다는 점이다. 그리고 최근 글로벌 테러리즘 지수 보고서에 따르면 나이지리아의 IS 하부조직인 보코 하람이 IS보다 더욱 악랄한 것으로 나타났다. 2015년 3월부터 스스로를 ISWAP(Islamic State's West Africa Province, IS 서아프리카 지부)라고 칭하고 있는 보코 하람은 2014년에 6,600명을 살해한 것으로 보인다. 같은 해 IS로 말미암은 사상자는 6,000명이었다. 이 리포트는 테러공격의 대부분이 서구가 아닌 내전으로 혼란을 겪고 있는 무슬림 국가에서 발생했으며 따라서 대부분의 희생자는 무슬림이라고 밝혔다.[6]

전반적으로 테러공격 희생자들의 종교를 구분하기 위해 통계를 내는 일은 쉽지 않다. 구조대와 의료팀에게는 더 중요한 임무가 있기 때문이다. 이들에겐 부상자 분류를 하느라 종교에 관해 조사할 여력이 없다. 그러나 2011년 미국 국가대테러센터가 발행한 보고서는 "테러 사상자의 종교적 분류가 가능했던 경우에 무슬림은 지난 5년간 테러리즘 관련 사망자 중 82퍼센트에서 97퍼센트를 차지했다"고 밝혔다.[7] 따라서 2014년 퓨 리서치의 '글로벌 인식 및 트렌드 조사'에서 보듯, 무슬림이 다른 이들과 마찬가지로 테러에 대해 우려하고 알 카에다, 하마스, 헤즈볼라, 보코 하람, 그리고 탈레반과 같은 특정 단체를 매우 부정적으로 인식하는 경우가 더욱 증가했다는 건 놀라운 일이 아니다. 예를 들어 레바논에서 피조사자의 92퍼센트가 테러리즘을 우려하고 있었고 이는 2013년 이후 11퍼센트가 증가한 수치다.[8]

법학자 세리프 바시우니는 "무슬림은 일부 무슬림이 행하는 부당하고 폭력적인 관행과 잘못되거나 현혹적인 종교적 믿음에 의해 주로 고통받는다"라고 요약했다. 2015년에는 이라크에서 약 2만 명의 기독교인이 목숨을 잃은 데 반해 무슬림 희생자 수는 30만 명 이상이라는 내용의 글을 쓰기도 했다. 바시우니는 IS가 2014년 상반기에만 거의 2,000명을 살해했으며 나이지리아에서는 보코 하람이 단 하루 동안 바가 지역에서 그 이상을 살해했다고 보고했다.[9]

왜 테러리스트들은 주적主敵이 서구임에도 불구하고 무슬림들을 살해하는가? 알 카에다와 IS가 이슬람을 대표한다고 가정하지 않는 가장 큰 이유가 바로 이 질문에 대한 답이다. 대다수의 무슬림은 테러리즘을 배격한다. 실질적으로 비무슬림계 미국인보다 압도적으로 더 많은 수의 무슬림이 어떠한 상황에서도 테러리즘에 반대할 뿐 아니라 테러리스트들

역시 대부분의 무슬림이 자신들을 거부한다는 걸 알고 있다.

아웃라이어, 지하드 전사

전 세계 지하드 전사들은 자신들이 서구세계 전반과 데스매치를 벌이는 중이라 믿으면서도 동시에 대부분의 무슬림과도 데스매치 중이다. 자신들이 큰 지지를 받지 못한다는 걸 알고 있기 때문이다. 앞장에서 다뤘듯, 지하드 전사들은 이슬람 안에서 아웃라이어이며 그 점을 자랑스럽게 여긴다. 기본적으로 무슬림은 두 갈래로 나뉜다. 수니파와 시아(또는 시트)파다. 이 둘은 다른 문제에 있어서는 거의 합의를 이뤘지만 사회지도자를 어떻게 뽑을 것인지를 두고 1,300년 전에 갈라섰다. 오늘날 85퍼센트 이상의 무슬림이 수니파이고 그 나머지가 시아파다. 그러나 극단적인 원리주의자들은 시아파를 이단으로 취급한다. 그리고 자신들의 대의명분에 동조하지 않는 수니파를 위선자, 혹은 더 심하게는 죽어 마땅한 변절자라 불렀다.

가장 유명한 급진주의적 전략가 중 하나가 아부 바크르 알 나지(2008년 사망)다. 알 나지는 무함마드 칼릴 알 하킴의 필명이며 아부 지하드 알 마스리로 알려져 있기도 하다. 2004년 온라인으로 출간되어 큰 영향을 미친 「야만의 경영 The Management of Savagery」에서 알 나지는 50만 명의 전사가 필요하다고 주장하며 치밀한 게릴라 전투 전략을 제시했다. 그러나 알 나지는 대중을 믿어서는 안 된다고 경고한다. 대중의 마음은 폭군들을 섬기는 주류 설교사들 때문에 '오염'됐기 때문이다. 따라서 무슬림 대중을 '중화'하고 일부 엘리트를 선발하기 위해서는 미디어를 통한 전도가 중요하다고 보았다. 알 나지에 따르면 주류 교육을 통해 엘리트를 선발할 경우, 길들여지거나 다듬어지지 않은 반체제적인 성향을 지닌 청소년 중에서 엘리트를 뽑게 된다.[10]

알 나지는 이집트 무슬림 형제단의 창립자 하산 알 반나(1949년 사망)가 테러리즘을 배격하고 특히나 시민을 타깃으로 한 공격에 반대한다는 이유로 거듭 비난했다. 알 나지는 점차 그 파괴력이 강해지는 테러공격에 시민들이 감명을 받고 지하드의 명분에 동조하게 될 것이라 확신한다. 또한 지하드 전사들은 무슬림 땅에 살고 있는 외국인뿐 아니라 이들과 협력하는 무슬림도 타깃으로 삼아야 한다고 주장한다. 누구든 미국인에게 협조하는 자는 '십자군'에 합류한 셈이며 이는 변절을 의미하니 공격의 대상이 되어야 한다는 것이다.

알 나지는 이슬람 율법이 어떤 무슬림을 변절자라고 단언하는지와 무고한 시민을 살해하는 것을 금한다는 점을 매우 잘 알고 있다. 그래서 이러한 금지 조항에 반대의견을 펴기도 했다. 알 나지는 자신과 함께하지 않는 모든 무슬림은 배반자나 마찬가지라고 말한다. 알 나지는 "우리와 함께하지 않는 자는 우리를 저버리는 자"라면서, 따라서 "그 어떤 것도 우리가 그들의 생명을 위협하지 못하도록 막을 수 없다. 오히려 그건 우리의 가장 중요한 의무 중 하나다. 이들은 회개하거나 기도하거나 자비를 베풀지 않기 때문이다"라고 결론 내렸다.

아마도 가장 잘 알려진 세계적인 지하드 전략가는 아부 무사브 알 수리(1958년생)일 것이다. 알 수리는 시리아 출신인 무스타파 세트마리암 나사르의 필명이며 우마르 아브드 알 하킴으로도 잘 알려져 있다. 그의 대표작 「전 세계 이슬람 항거의 사명The Call to Global Islamic Resistance」 역시 미국의 이라크 침공 이후 온라인에 공개됐다. 알 수리는 알 나지와는 달리 시아파 무슬림들이 타깃이 되어야 한다고 생각하지 않았다. 교리적인 차이는 전문가가 해결해야 할 문제라는 것이었다. 그러나 알 나지와 마찬가지로 알 수리도 무슬림 형제단을 비롯해 지하드에 참여하지 않는 무슬림과 이슬람교도를 비난하는 한편 자살테러 등 드라마틱한 테러리스트들의 업적을 상기시켰다. 이러한 것들이 모두를 감화시키고 많은 무슬림의 마음을 돌릴 거라 생각했기 때문이다. 알 수리와 알 나지는 모두 1980년대 아프간 지하드에서 소련의 점령에 맞서 싸웠다. 또한 이집트와 이라크를 포함한 아랍 국가들이 제공하는 교육 혜택을 받았다. 그러나 지금의 알 수리는 현 정권과의 협력은 실수라고 말한다. 알 수리는 지하드 전사들은 아랍 정부들에 다시는 의존하지 말아야 한다면서, 아랍 정권들이 지정학적 어젠다를 발전시키기 위해 자신들을 이용하는 거라고 말했다. 그리고 아랍 정권의 첩보원들은 지하드 조직에 침투해서 협박과 '보안의 덫'을 통해 여러 조직원을 조종할 수 있었으며, 이러한 기술 덕에 아랍 정부들이 정체도 밝히지 않은 채 이득을 취하고 계획을 방해했다고 강조했다.[11] 그래서 다시 한 번 알 수리는 대부분의 무슬림이 지하드 용사들을 거부하는 건 문제가 안 된다고 말한다. 사실 그렇기 때문에 그 누구의 지배를 받지 않아도 된다는 점이 오히려 좋다는 것이 알 수리의 주장이다. 그러나 자신들의 자율성을 유지하기 위해 지하드 조직은 비밀을 엄수해야만 한다. 가급적이면 개개인의 집에서 소규모로만 만나야 하며 철저히 비밀스러운 장소에서 훈련을 받도록 되어 있다. 다시 말해, 지하드 용사들은 아웃사이더이며 그렇게 존재해야만 한다.

사실 소위 명분 있는 반항아, 즉 아웃사이더가 되는 건 지하드 전사들이 조직원을 모집하는 최고의 방법이다. IS 지도자 알 바그다디는 2014년 말에 대략 '(주류 무슬림들이 우리의 국제적인 지하드 전사 모집을) 싫어한다 해도 뭐가 문제인가'라고 번역되는 제목의 메시지를 공개했다. 무슬림 대부분이 IS의 전술을 비난하지만 이는 무슬림들이 남의 말에 잘 속기 때문이라는 내용이다. 알 바그다디는 주류 무슬림의 종교지도자들을 악독한 마법사라 부르며 이들이 무슬림들을 세뇌시켰다고 주장했다. 그리고 무슬림 종교지도자들을 사내답지 못한 서구의 '개'와 '노예'라고 희화화했다. 서구는 이들에게 창피와 모욕을 주며 자원을 장악하고 땅을 차지했지만 종교지도자들은 아랑곳하지 않았다는 것이다. IS의 모병관들은 "그 누가 그런 변절자들에게 인정받고 싶어 하겠는가? 타락한 엘리트들에게 거부당하고 퇴짜 맞은 자들이야말로 고귀한 존재"라고 강조한다.

퇴락하는 엘리트들을 상대로 승리를 거두리라는 예언은 소외된 하층민, 실직자, 그리고 특히 주류층으로부터 서부딩했다고 느끼는 이들을 의도적으로 노린 것이다. 수준 높은 온라인 자료들은 자신들을 거부하는 것처럼 보이는 세상에 대해 좌절감을 느끼고 복수하고 싶어 하는 청중을 타깃으로 한다. 생포된 IS 전사들과의 인터뷰를 바탕으로 한 연구에 따르면 이들은 주변 환경에서 소외되었고 정치·사회적 지위가 불만족스럽다는 점을 강하게 표현했다. 이 연구의 가장 큰 소득은 백인 기독교 국가에서 차별의 서러움을 겪는 서구의 무슬림이 비례적으로 무슬림사회에서 사는 이들보다 100배 더 IS에 쉽게 가담한다는 사실을 밝힌 것이다.

알 카에다와 IS는 타깃 청중을 대상으로 일하는 개인 모병관들을 매우 세심하게 훈련시킨다. 2010년 알 수리의 가르침을 바탕으로 아부 아므루 알 카이디가 작성한 온라인 모병 매뉴얼 「모병의 기술 과정」첫 부분에는 매우 흥미로운 강령이 등장한다.[12] 모병관들은 그다지 종교적이지 않은 사람들만 타깃으로 삼도록 지시받는다. 그리고 이슬람에 대해 매우 잘 아는 사람들에겐 접근조차 않도록 한다. 종교적이거나 이슬람에 대해 많이 아는 사람이라면 지하드 전사들이 이슬람 규범을 위배한다고 생각할 가능성이 높다. 매뉴얼은 이 사람들은 9·11이나 무고한 사람들을 살해하는 것에 대해 캐묻게 될 것이라고 경고한다. 게다가 이슬람에 대한 부정적인 견해가 형성되고 무함마드를 모욕하는 풍자만화가 등장하게 된 건 지하드 세력 때문이라고 생각할 수도 있다는 것이다.

따라서 모병관들은 종교가 없거나 심지어 반종교적인 사람, 또는 갓 종교에 입문한 사람들을 대상으로 하라고 조언받는 다. 그리고 너무 많은 질문을 던지는 대학생보다는 고등학생 을 더 선호한다. 사실 지방 청소년들이 도시 청소년들보다 더 선호되기도 한다. 덜 세련될수록 좋은 것이다. 그리고 모 병관들은 잠재적인 신병들이 이슬람에 위배되는 행동을 하 더라도 심하게 비난하지 않도록 교육받는다. 대신 선물을 주 고 그들의 행동에 관심을 보이도록 하는 한편, 기회가 닿는 대로 무슬림에게 일어난 끔찍한 일들이 서구 정책 탓이란 걸 알리도록 한다. 매뉴얼에 따르면 모든 무슬림이 똑같은 관심 사를 가지는 것은 아니지만 모두가 팔레스타인에서 벌어지 는 불의에 대해서는 알고 있으니 모병관들은 팔레스타인에 포커스를 맞춰야 한다. 그리고 잠재적 신병들이 이슬람 율법 에 대해 세부적인 질문을 하기 시작하면 모병관들은 정권에 대해 언급하지 않도록 교육받는다. 또한 그저 지하드는 개인 적인 의무라 강조하면서 천국에서 그들을 기다리는 아름다 운 여인들을 상기시켜야 한다. 세부적인 법조항으로 그들의 삶을 복잡하게 만드는 대신 영적인 보상을 받을 수 있는 짧 막한 기도문을 제공하고 무함마드가 고안해낸 구강위생법(무 함마드는 기도 전에 겨자나무의 일종인 살바도라 페르시카의 뿌리로 만든

시왁 혹은 미스왁으로 치아를 깨끗이 하라고 명했다－옮긴이)과 같은 단순한 풍습들을 알려주면서 이러한 것들을 통해 더 훌륭한 무슬림이 될 수 있다고 이야기해줘야 한다.

모병관들은 또한 잠재적 신병들이 준비될 때까지는 폭력을 묘사한 번지르르한 온라인 비디오를 보여주지 말라고 주의를 받는다. 악의 하수인에 대해 복수를 꿈꿀 만큼 충분한 동기가 주어지기 전까지 폭력은 혐오감을 줄 수 있기 때문이다. 실제로 IS의 영상은 잔인하며 점점 더 잔혹해지고 있다. 어떤 영상은 할리우드의 블록버스터 재난영화를 닮았고 때때로 진짜 영화 장면을 가져오기도 하지만 어떤 영상들은 소름끼치도록 극단적으로 잔인하다. 참수형과 화형 장면을 그대로 보여주는 이 영상들은 데스 포르노$^{death-porn}$로 불린다. 이 영상들은 특히나 잔인무도한 온라인 게임을 하며 자란 도시 어린이들에게 효과적이지만 다른 경우에는 사전 준비 작업이 필요하다.

그러나 모병관들은 잠재적 자원자들이 아웃사이더와 사회부적응자이더라도 결코 혼자가 아니라는 걸 알려주는 것이 가장 중요하다고 배운다. 이들은 지하드에 가입하기만 하면 기댈 곳을 찾게 된다는 것이다.

마오이스트에 가까운 무슬림

무슬림의 대다수가 극단주의자의 방식이 정통적이지 않다고 보는 것은 당연하다. 지하드 세력의 매뉴얼이 실질적으로 종교적 이슈에 대한 대응보다는 적들을 어떻게 물리칠 것인가 하는 전략적 사안에 훨씬 더 포커스를 두고 있기 때문이다. 그리고 자신들의 캠페인을 위해 종교적 동기를 주로 내세우면서도 전략과 전술에 있어서는 마오쩌둥과 체 게바라, 그리고 베트남에서 프랑스와 미국을 상대로 승리를 거둔 전쟁영웅 보응우옌잡 장군 등이 발전시킨 게릴라전 방식을 의식적으로 따르고 있다. 이들은 모두 "전쟁은 다른 수단들에 의한 정치의 연속이다"라는 말로 유명한 19세기 프로이센의 군사 이론가 카를 폰 클라우제비츠만큼이나 자주 언급되는 인물들이다. 비국가적 요인에 의해 벌어지는 전쟁으로서 테러리스트 전술을 사용하는 '제4세대 전쟁'을 다룬 미국 매뉴얼 역시 자주 인용된다.

　세계적인 지하드 전략가 가운데 가장 영향력 있는 이는 아부 우바이드 알 쿠라이시로, 빈 라덴의 지문여이었던 그는 2002년부터 2003년까지 글을 연재했다. '혁명전쟁'이라 이름 붙여진 첫 글에서 알 쿠라이시는 '약자'가 '강자'로부터 승리를 거둘 수 있는 수단에 대해 설명하면서, 비국가적 집단은 기존 정권을 전복시키고 새로운 이데올로기에 바탕을 둔 새로운 정권을 세울 수 있을 것이라고 썼다. 이 과정에서 테러리즘은 효과적이지만 너무 자주 활용할 경우 1947년 그리스에서처럼 반발을 일으킬 수도 있다는 것이 알 쿠라이시의 주장이다. 따라서 이 캠페인이 성공하려면 반드시 마오쩌둥 수석에게서 배워야 한다. 마우쩌둥은 "전쟁은 단 1초도 정치로부터 분리될 수 없다"라고 강조했다. 사람들은 캠페인의 정치적 목적에 대해 알고 있어야 한다. 그리고 그 혜택을 누릴 수 있어야 한다. 마오의 말을 다시 한 번 인용하자면, 마오는 지하드 전사들이 군사작전을 펼치는 동안 민간인을 잘 대우해줘야 한다고 조언했다. 약탈하거나 강간하지 말아야 한다면서 이러한 접근법의 롤 모델이 바로 체 게바라라고 짚어냈다. 마지막으로 알 쿠라이시는 사람들이 테러리즘을 인정할 수 있도록, 테러리즘을 폭군에 맞서는 정의로운 투쟁으로 포장해야 한다고 주장했다. 아마도 알 쿠라이시의 강론 중 가장 유명한 부분은 "민간인의 동의와 지지 없는 혁명운동은 그저 범죄조직에 다름없다"는 말일 것이다.[13] 이 글은 게릴라 전사들의 투쟁을 골리앗과 싸우는 다윗에 비교하며 전투는 심판의 날까지 계속될 것이라고 강조하지만 이슬람에 대해서는 전혀 언급하지 않았다.

전략가 알 수리 역시 마오의 방식을 지지했다. 알 쿠라이시와 마찬가지로 알 수리가 쓴 책 역시 게릴라전에 대한 마오쩌둥의 비유에서 그 제목을 따왔다. 마오에 따르면 게릴라전은 마치 벼룩의 전쟁과도 같아서, 강아지가 몸을 긁다 지쳐 쓰러지도록 벼룩들은 닥치는 대로 강아지를 물어야 한다. 그렇게 되면 마지막 구타 몇 번으로 야수는 쓰러지고 마는 것이다. 1965년에 발간된 『벼룩의 전쟁War of the Flea』은 무슬림 전략가가 아닌 미국 저널리스트 로버트 테이버가 쓴 책이다. 그리고 알 수리는 이를 게릴라전을 다룬 책 중 최고로 꼽는다.

이 전략가들이 1996년 아라비아 반도에 주둔하는 미군을 비난하는 성명을 내던 초창기 빈 라덴에게 영향을 준 것은 분명하다. 빈 라덴은 미국과 그 동맹국인 사우디아라비아, 이스라엘이 저지른 불의에 대해 기나긴 논의를 마친 후 "힘의 불균형 때문에 반드시 적절한 싸움의 수단을 사용해야 한다"고 말했다. 이는 게릴라전을 의미한다. 빈 라덴은 이를 "완벽한 보안 속에서 싸우는, 빠르게 움직이는 날렵한 전사들"이라고 묘사했다. 마치 마오쩌둥의 머릿속을 읽어낸 듯 빈 라덴은 무슬림 커뮤니티에 게릴라 전사들을 도우라고 촉

구했다. 이들에게 정보를 제공하고 물질적인 지원을 아끼지 않아야 하며 적의 사기를 꺾고 겁먹게 할 루머를 퍼트리고, 무엇보다도 보안기관이 게릴라에 대해 물어도 함구해야 한다는 것이다.[14]

따라서 지하드 전사들은 의식적으로 스스로를 아웃사이더로 규정하고 전략적으로 서구와 주류 무슬림을 공격할 때 비무슬림 자원에 기댄다. 이들은 모두 이념적이고 수적으로 소수다. 미국 정보부는 2015년 9월 기준으로 약 3만 명의 외국인 전사를 모집하는 데에 성공했으며 수십 개의 외국 지부가 설립되었다고 추정한 바 있다. 이들의 이슬람은 의심할 여지도 없이 서구에 적대적이다. 그러나 동시에 테러리스트들이 비난하는 대상이며 테러공격 희생자의 대다수를 차지하는 주류 무슬림에도 적대적이다. 따라서 대부분의 무슬림이 테러리스트에 반대하는 건 당연한 일이다. 다음 장에서는 테러리스트에 저항하는 무슬림에 대해 다룰 예정이다.

03

테러에 저항하는 무슬림

누구나 알고 있는 이슬람교도라는 용어는 정치적 담론에서 이슬람식 규정을 따르는 무슬림과 동일시된다. 그러나 일반적인 무슬림과 주류 이슬람교도, 그리고 또 한편으로는 지하드 이슬람교도 간에는 중요한 차이점이 존재한다. 일반적인 무슬림은 일반적인 사람들과 마찬가지로 자신의 삶에 최선을 다한다. 이들은 자신이 속해 있는 어떠한 정치적 환경에도 최대한으로 참여한다. 이슬람교도는 무슬림에 대한 일반적인 명칭으로, 이들에게 종교적 가치는 단순히 참배나 가정사 같은 개인적인 이슈뿐 아니라 정치·경제적 이슈에도 영향을 미친다. 가장 오래된 이슬람교 집단은 무슬림 형제단으로 1928년 이집트에서 창설됐다. 무슬림 형제단은 수단과 요르단을 포함한 주변 아랍 국가로 퍼졌지만 각 조직은 각 국가에 적합한 이슈에만 초점을 맞췄다. 즉, 국제적인 어젠다를 다루는 조직이 아니었다. 게다가 무슬림 형제단은 공격적이지 않았다. 무슬림 형제단의 구성원들은 정치적 과정에 참여해 법치주의와 민주적 통치, 삼권분립, 투명성 등을 강조했다. 이들은 이슬람교도가 맞다. 주류 무슬림과 이슬람교도는 정당성이 결여된 무력을 정치적 도구로 사용하는 걸 거부한다. 그렇기 때문에 궁극적으로 무력을 정치적 도구로 고집하는 지하드 세력은 주류 이슬람의 적이다. 테러리즘 전문가 마이클 W. S. 라이언이 이야기하듯 "사실 이집트의 무슬림 형제단과 같이 비폭력적인 이슬람교도가 알 카에다의 이데올로기에 대한 가장 큰 위협 중 하나"인 것이다.[1]

테러에 대한 대중적인 저항

주류 무슬림이 테러에 반대한다는 것은 여론조사를 통해 명백하게 밝혀졌다. 2007년 미국 여론조사기관 월드 퍼블릭 오피니언의 조사에 의하면 무슬림들은 인도네시아, 파키스탄, 이집트 등에서 벌어지는 테러공격과 그 조직에 압도적으로 반대했다. 9·11 공격을 실제로 무슬림들이 저지른 것으로

보아도 되는지 회의를 표할 정도로 그 반대는 거셌다.[2]

　제1장에서 다뤘듯, 갤럽이 2001년에서 2007년 사이에 전세계 무슬림을 대상으로 시행한 여론조사는 93퍼센트의 무슬림이 9·11 공격은 부당하다고 믿고 있음을 보여준다.[3] 이는 북미에서 2008년부터 2010년 사이 갤럽이 시행한 여론조사와는 정반대의 결과다. 이 조사에서는 오직 50퍼센트만이 민간인에 대한 군사공격은 전적으로 부당하다고 보았고 49퍼센트는 가끔 정당하다고 대답했다. 유럽의 경우 61퍼센트는 그러한 공격은 절대 정당화될 수 없다고 대답했고 19퍼센트는 때로는 정당하다고 보았다. 비군사적 단체가 민간인을 대상으로 공격하는 것에 대한 여론은 어떨까? 이 단체들은 테러리스트와 '청부' 전사 또는 용병을 보유하고 있을 수도 있다. 2008년에서 2010년 사이 실시된 갤럽 여론조사에서는 중동과 북아프리카에 거주하는 응답자의 85퍼센트가 그러한 공격이 정당하지 않다고 믿는 것으로 나타났고 9퍼센트는 때론 정당화될 수 있다고 대답했다. 이는 유럽인의 69퍼센트와 북미인의 77퍼센트가 민간인에 대한 비군사적 공격은 절대 정당하지 않다고 믿는 것과 대조되는 결과다. 유럽인의 12퍼센트와 북미인의 21퍼센트는 민간인에 대한 비군사적 공격은 정당할 때도 있다고 믿는다.[4]

테러에 저항하는 종교지도자들

이슬람적 사고는 획일적인 것과는 거리가 멀다. 이 종교에는
공식적인 성직자가 없다. 유대교와 마찬가지로 이슬람의 규
범적인 지위는 방대하고 적법한 전통에 따라 훈련받은 종교
지도자들에 의해 형성된다. 또한 종교지도자들로 구성된 단
일체가 존재하지도 않는다. 이슬람 다수파인 수니파의 지도
자들은 다양한 학파에서 교육받는다. 보수파부터 진보파에
이르기까지 각 학파의 접근법은 다양하다. 전 세계 무슬림의
나머지를 차지하는 시아파 무슬림 역시 다양하다. 주류 시
아파의 종교지도자들인 이스나 아슈아리야ithna'ashari, 일명 십
이이맘파twelver는 때론 성직자로 지칭되며 훈련의 정도에 따
라 위계질서가 세워진다. 아야톨라ayatollah는 십이이맘파의 훈
련 가운데 가장 높은 단계를 대표하며 언제나 단 한 명이 아
니라 여러 명이 존재한다. 이러한 다양성에도 불구하고 주요
이슈에 대해서는 무슬림 종교지도자들 사이에 분명한 교집
합이 존재한다. 생명의 존엄성과 합법적 전쟁을 관장하는 원
칙이 그중 하나이며 이는 테러리즘을 비난하는 무슬림 종교
지도자들에게 중요한 이슈다.

　무슬림 종교지도자들은 9·11 이후 테러리즘에 대해 끊임

없이 비난해왔다. 또한 미국이 20세기 말에 이르러서야 테러리즘을 정의내리고 범죄로 규정한 것에 비해(1993년 미국 형법 제18편 제1장 113B조 및 수정조항) 이슬람 율법상으로는 테러리즘에 대한 비난이 새로운 현상이 아니다. 이슬람 율법에서 테러리즘을 일컫는 용어인 히라바hirabah는 이슬람 초창기부터 엄격하게 강제 형벌에 처하는 범죄다. 흔히 샤리아sharia로 알려진 이슬람 율법은 일련의 공인된 목표를 가지고 있다. 샤리아가 지닌 역동성과 다양성에도 불구하고 사실상 모든 지도자는 샤리아의 목표에 생명과 종교, 가족, 재산, 그리고 인간 존엄성의 보호가 포함된다는 점에 동의한다. 이는 기본적인 인간의 권리라 불리는 것들이다. 이러한 인권을 보호할 수 있는 가장 좋은 방식에 대해서는 긴 논의가 이뤄져왔고 다양한 의견이 존재한다. 또한 기본 가치가 생명의 신성함인지 종교인지에 따라 그 의견은 매우 다양하다. 정의를 위한 전쟁에서 생명을 빼앗는 것을 허용하는 한편 생명을 구하기 위해 종교적 의무를 저버리는 것 역시 허용되기 때문이다. 그러나 이슬람 율법이 생명을 존중한다는 점에는 논란의 여지가 없다. 생명존중은 이슬람이 테러리즘을 금지하는 근본적 이유다.

히라바에 대한 이슬람의 정의는 테러리즘에 대한 서구적

정의보다 광범위하다. 미국법상 테러리즘은 민간인을 위협하거나 정책이나 정부의 행위에 영향을 주려는 의도로 행하는 무력행위를 포함한다. 이슬람 율법상 테러리즘은 불특정 피해자에 대한 폭력을 포함한다. 이유는 단순하다. 전통적인 이슬람 율법에서 개인 희생자를 내는 범죄를 막기 위한 기본적인 방법은 모세법과 마찬가지로 호혜의 법칙이다. 눈에는 눈, 이에는 이, 그리고 생명에는 생명으로 응수하는 것이다. 그러나 여기서 누군가 이러한 범죄를 저지르는 건 상대가 적이라는 가정에서다. 예를 들어 어떤 모욕을 당했을 때나 재산분쟁 또는 누군가 다른 이의 아내를 범했을 경우 등에 대한 논쟁은 늘 있어왔다. 사람들은 공격자의 불만이 공격을 가한 특정인에게 향해 있다는 걸 알기 때문에 그다음 피해자가 누구일지 걱정할 필요가 없었다. 그러나 히라바는 다르다. 히라바는 불특정 피해자를 대상으로 한다. 서구의 현대법이 테러공격의 정치적 목적성을 가정한다면, 이슬람 율법은 그러한 동기를 필요로 하지 않는다. 그저 개인적인 이익이 동기일 것이라 추측한다. 예를 들어 히라바는 강도행위 중에 일어나곤 했기 때문이다. 테러리즘을 금지하는 샤리아에서 동기는 중요한 요인이 아니다. 문제는 피해자가 불특정하다는 데에 있다. 누군가 아무런 이유 없이 공격을 당했다면 어느 누구나 이유 없이 공격당할 수 있다. 다시 말해, 어느 누구도 안전하다 느낄 수 없는 것이다.

희생자의 불특정성은 이슬람 율법상 중대한 범죄다. 이슬람 율법의 대승적 목표는 인권을 바탕으로 한 사회적 복지이기 때문이다. 실제로 이러한 복지는 '평화'를 의미하는 이슬람의 어원과 연결된다. 일반적인 무슬림 인사법인 '앗살람 알라이쿰(As-salaam alaykum, 그대에게 평화가 깃들기를)'도 마찬가지다.

여기서의 평화는 전쟁의 부재라는 의미가 아니라 안전함과 행복함을 느끼는 상태로서의 평화를 의미한다. 그렇기 때문에 히라바는 이슬람의 대척점에 있게 된다. 사실 전통적인 무슬림 학자들은 히라바에 대해 거리에서의 공포를 자아내는 범죄라고 표현한다. 다시 말해, 히라바는 서민들에 대해 테러를 일으키는 행위를 포함한다. 즉, 테러리즘이다. 이는 이슬람이 추구하는 평화와 안전에 반대되기 때문에 테러리즘은 일반적으로 무슬림 종교지도자들의 비난을 받는 것이다.

무슬림들의 미국 내 테러공격은 앞장에서 다뤘듯 1993년 뉴욕 세계무역센터에서 일어난 첫 번째 폭탄테러로 시작됐다. 이 공격으로 6명이 희생됐다. 그 후 1996년에는 알 카에

다가 사우디아라비아에 주둔하는 미군 주거단지를 공격했
다. 이 공격으로 20명이 목숨을 잃었다. 제2장에서 언급된
바와 같이 1998년에는 아프리카 케냐와 탄자니아에서 미국
대사관 직원 224명이 공격으로 인해 사망했다. 또한 2000년
에는 예멘에서 미 해군 이지스 구축함이 공격을 당해 17명이
목숨을 잃었다. 이 공격들로 인해 결국 수천만 명의 희생자
가 발생한 것이다. 그러나 이 모든 사상자 수만큼이나 잔혹
하고 끔찍한 건 2001년 뉴욕과 워싱턴 DC에서 발생한 9·11
테러다. 테러리스트들이 미국 본토를 공격하면서 발생한 민
간인 사망자 및 부상자 수는 그야말로 심각한 수준이었다.
게다가 그 당시 한 무슬림 집단이 자기 소행이라 주장하고
그 공격이 정당했다고 선언했다. 9·11 공격의 잔혹함과 이
에 대한 정당화 선언은 즉시 무슬림 지도자들의 전면적인 공
개 비난으로 이어졌다. 무슬림들이 테러리즘을 명시적으로
반대하지 않는다는 주장이 자주 제기되고 있지만 그 시점부
터 확실한 기록이 남았다. 다양한 수니파와 시아파 등 각 종
파의 무슬림 지도자들은 반복적이고 공개적으로 테러리즘을
이슬람과 인류에 반하는 범죄행위로 비난하고 있는 것이다.

2001년 9월 12일, 세계 57개 무슬림 국가들을 대표하는
조직인 이슬람협력기구는 '그 극악무도한 범죄행위'를 비난

하는 보도자료를 배포하면서, 테러리스트들이 "신과의 서약, 인도주의적 가치, 신성한 종교, 그리고 이슬람이 가장 중요시 여기는 모든 것들에 역행한다"고 언명했다.

9월 13일 세계에서 가장 유명한 수니파 종교지도자인 유수프 알 카라다위는 이전까지 수많은 미국 정책에 반대해왔지만 9·11 공격에 침통해하면서 "이슬람은 인간의 영혼을 매우 존엄하게 받들며 무고한 인간을 대상으로 하는 공격은 중대한 죄로 간주한다"고 말했다. 그리고 "누구든 살해나 부패 이외의 죄를 벌하기 위해 인간을 살해하는 자는 인류 전체를 살해한 것이다. 그리고 누군가의 생명을 구한 자는 인류 전체의 생명을 구한 것이다(코란 5장 32절)"라는 코란의 한 구절을 인용했다. 같은 날 캣 스티븐스로 활동했던 영국의 뮤지션 유수프 이슬람은 테러공격에 대한 공포를 표현한 성명서를 발표했다. 그는 "이 생각지도 못했던 잔혹행위로 인해 목숨을 잃거나 부상당한 이들의 가족을 위해 기도한다. 이 비통한 순간에 희생자들을 위해 애도하는 모든 무슬림과 전 세계 사람들의 마음을 대신 전하고 싶다"라고 말했다.

9·11 테러가 발생하고 3일이 지난 후 이집트의 무슬림 형제단, 파키스탄과 방글라데시의 최대 이슬람 정당인 자맛에 이슬라미, 팔레스타인의 무장 정파 하마스('이슬람 저항운동'을

뜻하는 아랍어의 머리글자를 땄다), 튀지니의 정당 엔나흐다, 그리고 그 외 40개 이상 단체의 지도자들이 런던의 아랍계 일간지 「알 쿠드스 알 아라비」를 통해 다음과 같은 성명서를 발표했다.

> 아래 서명한 이슬람 운동의 지도자들은 2001년 9월 11일 미국에서 무고한 생명을 공격하고 대량학살을 야기한 사건에 대해 경악을 금치 못한다. 우리는 이에 깊은 애도를 표하며 모든 인류와 이슬람 규범에 반하는 이 사건을 가장 강력하게 규탄하는 바이다. 이 성명은 무고한 이들에 대한 모든 형태의 공격을 금하고 있는 이슬람의 고귀한 율법을 바탕으로 한다. 전지전능한 신은 신성한 코란을 통해 "죄를 짓지 않은 자는 다른 이의 죄를 대신할 수 없다(코란 17장 15절)"라 말씀하셨다.

같은 날 카이로에 위치한 이슬람 수니파 최고 명문대학인 알 아즈하르대학교의 대표 무함마드 사이드 알 탄타위는 "무고한 이들을 공격하는 것은 용기 있는 행동이 아니다. 이는 어리석은 짓이며 심판의 날에 처벌받게 될 것이다"는 내용이 담긴 성명서를 발표했다. 비슷한 맥락에서 레바논 헤즈볼라의 지도자 무함마드 후세인 파드랄라는 프랑스 AFP 통신과의 인터뷰에서 9·11 공격은 이슬람에서 금지된 야만적 범죄이며 "이슬람의 인간적 가치에 따라 살아가는 이슬람교도들은 그러한 범죄를 저지를 수 없다"고 말했다.

9월 16일 미국 무슬림정치협력협의회는 「워싱턴포스트」에 전면광고를 내고 수많은 무슬림 지도자들이 테러리즘에 대해 비난하고 있음을 널리 알렸다. 여기에는 "미국 무슬림들은 무고한 시민을 대상으로 한 확연히 잔인하고 비열한 테러리즘 행위에 대해 전적으로 비난한다. 우리는 범인에 대한 신속한 체포와 처벌을 요구하는 모든 미국인과 함께한다. 어떠한 정치적 명분도 그러한 비도덕적 행위를 용납할 수 없다"라는 내용이 포함됐다.

테러리즘 전반과 특히 9·11 공격을 비난하는 수많은 성명서가 계속 쏟아졌다. 2001년 12월에는 사우디아라비아의 원로종교학자협의회 회원인 무함마드 빈 압둘라 알 사빌이 "무고한 사람들에 대한 어떤 공격도 불법이며 샤리아에 위배된다. 무슬림은 생명과 명예, 그리고 기독교인과 유대인의 재산을 보호해야 한다. 이들을 공격하는 건 샤리아에 모순된다"라고 강조했다.

2003년 미국이 주도한 이라크 침공은 유럽 내 동맹 국가

들에 대한 알 카에다식의 공격을 촉발했다. 2004년 3월 11
일 스페인 마드리드에서는 출근시간 통근열차 4대에서 폭탄
이 터져 191명이 사망하고 1,500명 이상이 부상당했다. 다
시 한 번 무슬림 지도자들은 공개적인 비난에 나섰다. 예를
들어 2004년 3월 사우디아라비아의 최고사법평의회는 9·11
테러와 3·11 스페인 테러 등의 테러리스트 행위에 대해 "악
독하고 수치스러운 악마의 행위며 어떠한 온당한 논리나 이
슬람의 신앙을 통해서는 이를 정당화할 수 없다"고 선언하
는 공식성명을 발표했다. 그러나 이러한 메시지가 제대로 전
달되지 못했음이 분명했다. 미국이 주도하는 군사행위가 아
프가니스탄과 이라크에서 계속되면서 테러리스트들은 오히
려 '십자군'과 지하디즘에 동조하지 않는 모든 무슬림을 물
리칠 필요가 있다고 확신하게 되었다. 이들은 군사 및 민간
목표물 모두에 대한 공격 수준을 한층 더 높였다. 2004년 11
월에는 요르단의 압둘라 왕이 50여 개국 수니파 및 시아파의
무슬림 지도자 200명이 서명한 종합적인 테러리즘 규탄서를
발표했다. '암만 메시지'라 이름 붙여진 이 성명서에는 첫 발
행 이후 지금까지 수백 명의 지도자들이 서명하고 있다. 이
성명서는 이슬람 내에서의 다양한 관점과 함께 이슬람 관습
에 대한 수니파와 시아파, 그 외 여러 접근 방식이 모두 타당

함을 인정하며 시작된다. 그리고 타크피르[takfir], 즉 공인받은 무슬림을 죽어 마땅한 변절자로 지명하는 것은 이슬람이 전통적으로 금지하고 있음을 다시 한 번 강조했다. 또한 여성과 소수민족의 권리를 포함한 인권, 종교의 자유, 비무슬림 국가에 거주하는 무슬림의 시민적 책임과 자결권에 대한 이슬람의 책무, 민주주의적 통치를 선택할 자유에 대해 확인했다. 테러리즘과 관련해 암만 메시지는 다음과 같이 밝혔다.

이슬람은 인명의 고귀한 지위에 대해 인지하고 있으며 따라서 비전투원과의 전투, 그리고 민간인과 민간재산, 엄마 품에 안긴 어린이, 학교에서 공부하는 학생 및 노인에 대한 공격은 있을 수 없다. 살해, 부상, 위협 등 인간 생명에 대한 공격은 모든 인류가 지닌 삶의 권리에 대한 공격이다. 이는 가장 중대한 죄다. 인명은 인류의 번영을 위한 기본 토대이기 때문이다.

마드리드 공격의 1주기가 되는 날 스페인 이슬람위원회는 오사마 빈 라덴을 정면으로 비판하는 파트와를 발표했다. "신 앞에서 무슬림은 무고한 사람을 대상으로 범죄를 저지르는 것이 금지되어 있을 뿐 아니라 그러한 행위를 저지르려는 의도를 지닌 자를 막을 책임이 있다"라는 내용이었다. 이 파트와는 테러리스트의 행위가 "과오를 저지른 개인이나 집단은 무슬림이길 그만두고 이슬람의 영역 밖으로 물러나야 한다"는 이슬람 율법을 심각하게 위배하는 것이라고 주장하는 논쟁을 시작했다. 그러나 테러공격은 계속됐다. 2005년 7월 런던에서는 지하철 역 3곳과 버스 1대가 폭발해 52명이 숨지고 수백여 명이 부상당했다. 사우디아라비아 법무장관은 즉각 이 공격을 비난했다. 2주가 채 지나기도 전에 영국 무슬림 포럼은 500명 이상의 영국 무슬림 지도자들이 서명한 파트와를 내놓았다. "그러한 행위는 모든 인류에 대한 범죄이며 이슬람의 가르침에 위배된다"는 내용이었다.

샤리아, 전쟁, 그리고 인권

테러공격이 발생하면 이에 대한 비난이 이뤄지는 것은 관례가 되었다. 이러한 규탄성명은 전통적인 보도자료와 SNS를 통해 발표되며 온라인으로도 쉽게 접근이 가능하다.[5] 테러리스트들이 이슬람을 해석하는 방식에 반대하는 논쟁도 역시 온라인을 통해 지속적으로 이뤄지고 있다. 그중에서도 25쪽에 걸쳐 IS가 내놓은 주장을 하나하나 반박하는 한 성명서는 수십 명의 수니파 무슬림 종교지도자들의 서명을 받아 2014년 9월에 공개됐다. 「(IS 지도자) 알 바그다디에게 보내는 공개서한」으로 알려진 이 성명서는 전통적인 샤리아식 추론의 본보기라 할 수 있다. 코란에 기초한 폭넓은 배경지식과 예언자 무함마드의 본보기인 순나sunna, 즉 하디스hadith라고 불리는 기록을 통해 전해지는 무함마드의 언행, 그리고 역사를 통틀어 가장 명망 높은 샤리아 지도자들의 의견을 제시하면서 이 성명서는 이슬람이 무고한 사람들의 목숨을 빼앗는 걸 금지하고 있음을 입증한다. 사절, 특사, 외교관을 보호하던 전통은 언론인과 국제 구호단체라는 현대적인 카테고리로 확대 적용된다. 이 성명서는 이슬람이 전통적으로 지하드에 대해 방어적인 전쟁으로 정의 내리고 있음을 상세히 입증한다. "정당한 명분과 정당한 목적, 정당한 행동준칙이 없으면 전쟁은 허용될 수 없다"는 것이 이 성명서의 주장이다. 「알 바그다디에게 보내는 공개서한」은 이슬람의 종교적 정체성을 바탕으로 인명살해를 금한다고 반복적으로 밝히고 있다. 그리고 이슬람 율법은 무슬림을 공격하거나 거주지에서 내쫓거나 종교적 행위를 못하게 하지 않는 이상 전쟁을 일으키지 못하도록 금하고 있다. 이 서한은 선제적 전쟁(적극적 지하드)을 허용하는 소수의견이 중세시대 이슬람에 존재했지만 그럼에도 불구하고 전쟁은 단순히 종교나 의견 차이 때문에 일어나서는 안 된다고 주장한다. 고대 메소포타미아 지역의 야지드 종파에 IS가 행한 잔악무도한 공격에 대해서도 이 서한은 야지드 종파가 유대인이나 기독교인과 마찬가지로 이슬람 율법에 의해 보호받는다고 특별히 밝히고 있다. 게다가 「알 바그다디에게 보내는 공개서한」은 (이슬람 율법상 구속력 있는) 보편적인 합의에 의해 노예 제도는 불법이며 노예 제도의 재도입 역시 금지하고 있다. 종교에 있어 강요는 있을 수 없다는 코란의 직접적인 언급(2장 256절)에 기초해 이슬람에서 강제적인 개종은 언제나 금지되어 있다. 여성과 어린이의 생명, 존엄성, 재산의 신성함은 언제나 존중되어야 한다. 게다가 이 서한은 이슬람 율법이 죄수에 대한 고문과 살해, 시신 훼손을 금하고 있음을 강조한다.

「알 바그다디에게 보내는 공개서한」은 또한 이미 시작된 전쟁의 수행에 관련한 코란 구절과 평화기에 적용되는 구절 간의 핵심적인 차이에 대해 언급했다. 어떻게 경전을 활용해야 하고 경전이 왜 '정의의 전쟁 이론'으로 알려지게 되었는지 익숙하지 않은 사람들에게는 이 부분이 가장 혼돈을 일으킨다. 코란은 7세기 초 유대교와 기독교, 기타 다신교 간에 치열한 갈등이 존재하던 시기에 20여 년에 걸쳐 계시받은 내용이다. 그 목표는 아브라함의 종교를 거듭 천명하고 종교 간 갈등을 멈추며 사회적 정의를 지지하는 데에 있다. 그러나 물론 일부 종교는 이러한 노력을 거부했고 무함마드와 그 추종자에 대한 전투를 시작했다. 따라서 코란은 다양한 구절을 통해 평화의 중요성과 정의에 대한 지지를 다루면서도 다른 한편으론 용맹함과 전투 도중 항복하지 않는 것에 대한 중요성을 이야기한다. 코란을 해석하는 이들이 구절을 인용하기 전 역사적인 문맥을 파악하는 것에 심혈을 기울이는 이유다. 전투 중 행위에 대해 다루는 코란의 구절이 평화기의 행위를 정당화하기 위해 쓰일 수 없다. 그러나 테러리스트들은 그런 식으로 코란을 해석한다. 따라서 「알 바그다디에게 보내는 공개서한」은 IS가 적을 가혹하게 다뤄야 한다고 주장하며 인용하는 구절에 대해 전투가 벌어졌을 때 쓰인 내용의 맥락을 벗어나 적용해선 안 된다고 지적한다. 실질적으로 평화기에는 잠재적인 적이라 할지라도 동등하게 대우해줘야 한다고 이야기하는 수많은 코란 구절이 존재한다. 코란 구절의 유의미성을 이해하기 위해 역사적인 맥락을 살펴보는 것은 성서주의적인 해석에서 흔히 쓰이는 방법이다. 예를 들어 그 누가 히브리 성서에서 남성과 여성, 어린이와 아기, 소와 양, 낙타와 당나귀를 죽이도록 명령하는 부분(사무엘상 15장 3절)을 다른 시대에 적용하겠는가. 실제로 전투 중에는 표독하게 싸우라는 코란의 계시는 인도 2대 서사시 중 하나인 『바가바드 기타Bhagavad Gita』에 묘사된 크리슈나(Krishna, 힌두교 최고신이자 인도 전설 최고의 영웅−옮긴이)가 내놓는 계시와 매우 흡사하다. 두 경우 모두 역사적 맥락은 부족의 규범을 중대하게 위배한 친척 간의 다툼을 포함한 전투 중 하나였다는 것이다. 두 경우에서 전쟁은 더 고귀한 목적과 정당한 명분을 위한 것으로 믿어졌고 부족의 규범을 무시하고 싸우라는 것이 신의 계시였다. 그러나 이러한 계시는 전쟁 중에만 적용되는 것이었다. 전쟁이 없을 시에 사람들은 공정하고 정중하게 행동하도록 되어 있다. 불행하게도 코란을 들여다보는 비전문가들은 때로 이러한 특별한 경우에 한정된 계시를 일반적인 계시로 받아들이는 실수를 저지른다. 테러리스트도 마찬가지다. 따라서 「알 바그다디에게 보내는 공개서한」을 작성한 종교지도자들은 직설적으로 "신의 말씀을 따르면 '그들을 가혹하게 다룰 것이며(9장 73절)' '네 잔혹함을 드러내어라(9장 123절)'라는 부분은 전쟁의 시기를 의미하는 것이지 전쟁 이후를 말하는 것이 아니다"라고 설명했다.[6]

「알 바그다디에게 보내는 공개서한」에서 다루는 다른 세가지 이슈 역시 특별히 관심을 가질 가치가 있다. 일반 대중과 이슬람 테러리스트 모두 이를 잘못 이해하는 경우가 많기 때문이다. 하나는 전통적인 이슬람 법조문에 구체적으로 서술되어 있는 절도와 간통 등의 범죄에 대한 육체적 형벌인 후두드hudud에 관해서다. 예를 들어 코란은 재산의 개인소유권을 매우 강조하면서 도둑의 손을 자르도록 명한다(5장 38절). 그리고 가족의 가치를 매우 중시하다 보니 간통에 대해서는 100대의 태형에 처하도록 명시하고 있다(24장 2절). 이후 이 형벌은 히브리 성서(레위기 20장 10절)와 마찬가지로 각각 다른 이와 결혼한 두 남녀가 간통을 저질렀을 시 사형에 처하도록 변경되었다. 그러나 「알 바그다디에게 보내는 공개서한」은 후두드 형벌이 특수한 상황에서만 집행되어야 함을 상기시킨다. 예를 들어 기아의 상황에서 발생했거나 매우 사소한 수준의 절도에는 형벌을 적용할 수 없다. 후두드 형벌은 정상적이고 분별 있는 자, 또는 의도적으로 법을 위반한 책임 있는 어른에게만 가해지며 이 경우에도 철저하게 증거를 바탕으로 해야 한다. 간통죄로 사형을 선고하기 위해서는 실질적인 성행위에 대해 명예를 걸고 확실하게 증언할 성인 4명의 증인이 필요하다. 간통 혐의로 고발당했으나 증거의 원칙이 충족되지 않는다면 코란은 그 고발자를 80대의 태형에 처하도록 하고 있다(24장 4절).

　두 번째로 전 세계 무슬림을 한 사람의 지도자가 다스린다는 일방적인 칼리프 국가 선언은 근거가 없다. 칼리프 제도는 7세기 무함마드가 사망한 후 세워진 정치체제다. 약 몇 세기의 짧은 기간 동안 무슬림 사이에는 정치적 통일성이 진정 존재했다. 그러나 각 지역이 정치적 자율성을 획득하게 되면서 칼리프는 점차적으로 상징화되었다. 무슬림 간의 통일을 이루는 기초는 지금과 마찬가지로 유일신 신앙, 정의의 가치, 인간존중에 대한 공동의 헌신이다. 모든 예언자들은 이에 대한 계시를 받았고, 이를 집약적으로 보여주는 것이 바로 코란이다. 칼리프의 지위는 마지막 칼리프 국가였던 오스만제국이 패배한 제1차 세계대전이 끝날 때까지 유지되었다. 1924년 이 직위는 폐지되었다. 「알 바그다디에게 보내는 공개서한」은 무슬림들이 칼리프로 상징되는 강하고 통일된 사회에 대한 이상을 공유하고 있다고 확인한다. 그러나 동시에 그 누구도 스스로를 칼리프라 칭할 수 없으며 모든 사람에게 이를 받아들이도록 강요할 수 없다는 것도 확인한다. 칼리프는 오직 전 세계적 무슬림사회의 합의에 의해서만 재건될 수 있다. 무슬림이 전 세계 인구의 5분의 1을 차시하고 있으며 가장 부유한 자부터 가장 가난한 자까지 몹시 다양한 상황에서 살고 있기 때문에 그러한 합의가 이뤄지기 전까지는 분명 어느 정도 시간이 필요할 것이다. 따라서 이 성명서는 알 바그다디가 실제로 칼리프로서 정통성이 결여되어 있음을 지적한다. 알 바그다디가 처음으로 스스로를 칼리프라 칭하기 시작한 이라크 모술에서 종교지도자들이 그를 거부한 이유다. 종교지도자들은 자칭 IS가 세운 정권이 저지르는 살상은 무력으로 믿음을 강요하는 것이 왜 불가능한지에 대한 완벽한 예시라고 말한다. IS의 행위는 카오스를 조장하고 이슬람이 추구하는 안정과 안전을 해친다. 또한 종교지도자들은 IS가 스스로를 15억 명이 넘는 무슬림의 통치자라 칭하고 자신들을 거부하는 모든 이, 특히 이 성명서에 따르면 99퍼센트의 무슬림을 비무슬림으로 선언하는 것이 얼마나 터무니없는 일인가 짚어냈다.

세 번째 주요 이슈는 시민적 책임에 대한 주요 이슬람 개념과 관련해서다. 오직 자신만이 전 세계 무슬림을 다스릴 수 있는 정통성 있는 지배자라고 주장하는 알 바그다디와 그 추종자들은 진정한 무슬림이 현재 살고 있는 곳을 떠나 자신들이 지배하는 시리아와 이라크로 이주하길 바란다. IS는 이를 히즈라, 즉 이주라고 부른다. 자신들이 독창적으로 만들어낸 이슬람 율법의 지배를 받지 않은 땅에서 무슬림이 사는 건 불법이라는 것이다. 일부 무슬림은 이러한 주장에 동조해 시리아나 이라크로 가서 IS에 가담하기도 했다. 그러나 종교 지도자들은 IS가 저지르는 행위가 실질적으로는 불법으로 타인의 재산을 몰수하는 것이라고 지적한다. 요약하자면, 이러한 행위는 팔레스타인 영토를 점령한 이스라엘의 행위와 마찬가지라는 것이다. 이 성명서는 또한 각 국가의 법에 대한 무슬림의 충성과 애국심을 비난하는 건 IS의 잘못이라 말하면서 나라를 사랑하는 건 자연스럽고도 이슬람에 부합하는 것이라 강조한다. 다른 학자들 역시 국가에 대한 충성은 이슬람상의 종교적 의무라고 확인했다. 이는 무슬림 국가에서 벌어지는 전쟁에서 군인으로서 충성을 다하는 무슬림에게도 적용되는 의무다.

알 카에다, 그보다 더 과격해진 분파 IS, 그리고 나이지리아의 보코 하람과 소말리아의 알 샤바브와 같은 추종자 등 모든 국제 테러리스트들이 공포의 대상이라는 점은 부인할 수 없다. 이들은 서구에서뿐 아니라 중동과 남아시아, 그 외 지역에서 테러를 자행하고 있다. 그러나 대다수 무슬림이 이를 이슬람 규범의 위배라고 비난하는 것 역시 사실이다. 무슬림들은 이슬람이 테러리즘의 본산이라는 주장을 거부한다. 법학자 셰리프 바시우니는 테러리스트들은 이슬람의 이

름으로 폭력을 저지르지만 이슬람은 이를 허용하지 않는다
는 주류 무슬림의 입장을 요약해 제시한 바 있다.[7]

그러나 종교가 테러행위의 근원이 아니라면 그 근원은 무
엇일까? 그 답은 테러행위를 비난하는 유사한 성명들 사이
에서 찾아볼 수 있다. 예를 들어 2005년 런던 폭탄테러 이후
영국의 무슬림 학자 아브드 알 하킴 무라드는 테러공격을 이
슬람 율법의 '극심한 파괴'라 칭하며 이를 심각한 타락의 신
호라고 주장했다. 무라드는 테러리스트들의 동기를 '격노',
'자기부정', '맹렬한 비난'이라 묘사했고 이들의 행위는 허무
함과 절망, 복수심의 거친 표현이라고 말했다.[8] 그러나 무엇
에 대한 분노이며 절망인가. 무라드는 이들의 불만 몇 가지
를 언급했다. 이스라엘의 팔레스타인 영토 침략, 러시아의
체첸공화국 지배, 그리고 인도의 카슈미르 지방 점령 등이
다. 사실 이러한 사건들과 여러 정치적 이슈들은 주류 무슬
림에게도 심각한 관심사지만 대하는 방식은 다르다. 이후 이
어지는 두 개의 장에서는 이러한 공동 관심사에 대해 살펴보
고 주류 무슬림이 국제 테러리스트와 달리 이 문제에 어떻게
접근하는지를 다룰 예정이다.

04

공동의 불만

2001년 9월 20일 미국의 조지 W. 부시 대통령은 겨우 9일 전 뉴욕과 워싱턴 DC, 펜실베이니아 주 서머셋카운티에서 발생한 사건과 관련해 대국민연설을 했다. 기자들의 질문에 답하기 전, 부시 대통령은 극악무도한 사건이 발생한 후 미국인들이 "깃발을 올리고 촛불을 밝혔으며 기꺼이 헌혈하고 영어와 히브리어와 아랍어로 기도를 올렸다"라며 그 애국심을 자랑스레 극찬했다. 부시 대통령은 슬픔이 분노로 변해가는 상황을 다독이며 "우리의 적을 정의로 이끌지 못한다면 정의가 우리의 적이 될 것"이라고 단호하게 이야기했다. 그리고 "어떻게든 정의는 끝나버릴 것"이라고 섬뜩하게 덧붙였다. 그 후 부시 대통령은 미국인은 왜 '그들'이 자신들을 미워하는지 알고 싶어 한다며 거기에 대한 답을 내놓았다.

"그들은 우리의 자유를 미워한다. 종교의 자유, 의사표현의 자유, 투표의 자유, 그리고 다른 이들과 결합하거나 반대의 견을 말할 자유를 말이다."[1]

사실 종교적 자유와 기타 시민적 자유는 9·11 테러와 전혀 관계가 없었다. 알 카에다의 창설자인 오사마 빈 라덴은 왜 공격을 감행했는지 아주 명확하게 밝혔다. 빈 라덴의 서구에 대한 저항운동은 그가 1996년에 발표한「두 성지를 점령한 미군에 대한 전쟁 선포」에서 언급되었다. 빈 라덴은 사우디아라비아 왕가가 성스러운 땅을 지키기 위해 자신의 노련한 특수부대인 무자헤딘 대신 미군을 선택했다는 데에 분노했다. 그러나 이러한 모욕은 그저 마지막 결정타였을 뿐 다른 수많은 불만이 존재해왔다. 그리고 빈 라덴은 전능하신 신에 대한 기도를 올리고 자신은 코란의 뜻에 따라 억압에 맞서 싸우는 것이라고 상기시킨 후 불만사항에 대해 조목조목 밝히기 시작했다. 빈 라덴은 유럽인이 식민시대에 무슬림 세계를 지배하게 되면서 무슬림이 겪은 불의들을 열거했다. 여기에는 팔레스타인, 이라크, 레바논, 소말리아, 보스니아, 체첸, 미얀마, 카슈미르, 필리핀, 에리트레아, 아삼, 태국 파타니, 에티오피아 오가덴 등이 포함됐다. 빈 라덴은 이 리스트가 무슬림의 피는 세상에서 가장 열등하게 취급당하고 있으며 그들의 천연자원이 "적의 손에 의해 약탈당했음"을 보여준다고 강조했다. 9·11 테러가 발생한 지 1년 후 빈 라덴은 후속편이라 할 수 있는 「미국에 보내는 서한」을 공개했다. 부시 대통령의 이전 질문을 의식하며 빈 라덴은 "우리가 왜 당신들을 공격하느냐고? 당신들이 우리를 공격했고 계속 공격하고 있기 때문이다"라고 밝혔다.[2] 이윽고 빈 라덴은 팔레스타인과 이라크가 여전히 상단을 차지하고 있으면서도 조금 변동된 리스트를 내놓았다. 이번에는 비교적 덜 알려진 사건들이 일부 제외되고 대신 중동과 아프가니스탄에서 미국의 지원을 받는 독재 정부들이 그 자리에 들어갔다. 미국은 9·11 테러가 발생한 지 한 달 후 아프가니스탄을 침공했다.

빈 라덴의 메시지는 널리 퍼졌고 아직도 온라인으로 접근이 가능하다. 그러나 부시 대통령과 많은 이들은 그 메시지를 읽지 못한 것이 분명하다. 메시지의 이면을 읽어보면 압도적인 다수의 무슬림이 테러리즘을 비난하면서도 테러리스트들의 선언문에 언급된 일부 문제에는 공감한다는 것을 알 수 있다. 제3장에서 언급했듯 9·11 테러가 발생한 지 이틀 후 가장 유명한 수니파 성직자인 유수프 알 카라다위는 그 공격을 '중대한 죄'라고 불렀다. 알 카라다위가 그동안 미국의 외교 정책에 대해 두루 강하게 반대해왔음에도 불구하고 나온 발언이었다. 튀지니 최대 이슬람 정당인 엔나흐다의 대표 라시드 간누시와 이란의 최고지도자 아야톨라 알리 하메네이도 동일한 입장을 표했다.[3] 그러나 많은 사람들은 여전히 대부분의 무슬림이 일상을 통해 조용히 투쟁하고 있으며 과격한 테러리스트들이 분노를 표출하고 있는 식민시대 이후의 상황에 대해서 인식하지 못하고 있다. 설상가상으로 수많은 무슬림은 그러한 무지까지 안고 가고 있다. 미디어평론가 존 파워스는 9·11 테러 직후 CNN이 파키스탄의 수도 이슬라마바드에서 벌어진 시위 장면을 방송했다고 보고했다. 한 학생 무리가 해외 언론들을 위해 영어로 "미국이여, 왜 전 세계에서 미움받고 있는지를 생각해보라"라고 쓴 배너를 들고 있었다. 파워스는 "이들은 우리가 왜 이들이 우릴 미워하는지조차 모르기 때문에 우리를 미워한다"고 결론 내렸다.[4] 따라서 무슬림과 서구 간의 복잡한 관계를 이해하기 위해서는 이들의 주요 관심사 중 일부를 이해하는 것이 중요하다.

팔레스타인: 탈식민시대 불의의 패러다임

전 세계 무슬림이 가장 많이 인식하고 있으면서 가장 오래 묵혀온 불만은 바로 팔레스타인 민족의 국가 부재다. 팔레스타인은 이슬람이 유일신적 동기同氣라 할 수 있는 유대교 및 기독교와 공유해온 유산이며 그 이야기는 무슬림사회 전반에 퍼져 있다. 팔레스타인으로 알려진 땅은 예수의 시대에 로마제국이 지배했다. 1세기와 2세기 로마제국의 법에 저항하는 유대인의 반란은 추방으로 이어졌고 오직 소수의 유대인만 그 지역에 남게 되었다. 이 지역에서 7세기경 이슬람이 태동했고, 이슬람이 처음 거둔 군사적 승리 중 하나는 바로 로마제국을 상대로 한 것이었다. 팔레스타인은 제1차 세계대전에서 오스만제국이 패배하기 전까지 무슬림이 지배하던 지역이었다. 이슬람 율법에 따라 유대인과 기독교인은 종교적 자유를 보장받았다. 많은 이들이 이슬람으로 개종했지만 유대인과 기독교인은 팔레스타인에서 활발히 활동하는 소수로 남아 있었다.

　제1차 세계대전에 앞서 여러 유럽 열강들이 오스만제국의 땅에 침투했다. 프랑스, 영국, 스페인, 이탈리아는 오스만제국이 본토, 즉 현재의 터키로 물러나면서 북아프리카와 중동 지역의 상당 부분을 차지했다. 무슬림, 기독교인, 유대인을 포함해 북아프리카와 중동 지역의 아랍인은 이러한 사태가 발생하도록 내버려둔 투르크족에 불만을 갖게 되었다. 유럽인들은 아랍인들의 복지를 위해 그 지역에 머무는 것이 아니었다. 이들은 그저 경제적 이득을 위해 그곳에 있었다. 그리고 유럽의 이익은 곧 아랍의 손실이었다. 중세시대를 통틀어 유럽보다 훨씬 더 강한 국가였던 오스만제국은 자신들의 전통적인 방식이 더 이상은 경쟁력이 없음을 깨달았다. 따라서 21세기 초 유럽의 도움을 얻어 근대화 작업에 착수했다. 군사력의 경우 독일의 영향력이 컸는데, 이는 당시 영국, 프랑스, 러시아와 충돌하는 바였다.

그 결과 1914년 제1차 세계대전이 발발했을 때 투르크족은 독일의 편에 섰다. 그리고 1915년부터 1916년 사이 갈리폴리 반도에서 영국은 심각한 패배를 안았다. 영국과 프랑스 연합국은 독일이 투르크의 후예들에게 어떠한 도움도 받지 못하도록 막을 필요가 있다고 결론 내렸다. 투르크족의 지배하에서 아랍인들이 불만에 차 있다는 걸 깨닫고 영국군은 아랍인들에게 투르크족에 저항하면 독립시켜주겠다고 제안했다. 아랍인은 1918년 동맹국(제1차 세계대전 중 연합국에 대항해 공동으로 싸운 독일, 오스트리아, 헝가리—옮긴이)이 패배할 때까지 투르크족이 지배하던 지역에서 저항을 시작했다. 그러나 유럽 연합국은 아랍인과의 약속을 지키지 않았다. 아랍의 독립을 인정하는 대신 이들은 1916년 비밀리에 맺었던 사이크스피코협정에 따라 아랍 영토를 분할했다. 이 협정으로 현재 시리아와 레바논이 차지하고 있는 옛 시리아 지역을 프랑스에게 넘겨주었다. 그리고 팔레스타인과 현재 요르단이 된 시리아 일부와 이라크 지역을 영국이 차지하게 되었다. 서구 국가들은 이 협정에 대해 거의 잊고 있지만 이는 지하드 문학의 중심에 자리하고 있다. 시인들은 이 협정을 비난하고, IS 지도자 알 바그다디는 이를 무효화할 것을 맹세했다. 그리고 1962년 할리우드 블록버스터 〈아라비아의 로렌스〉에서 다룬 2분가량의 영상은 온갖 SNS를 통해 공유됐다.

아랍과의 약속을 배신한 유럽의 이야기는 서구인들에게는 아주 오래된 역사처럼 들릴 수도 있다. 그러나 유대인은 그 다음 발생한 사건 때문에 거기에 동의하지 않는다. 영국령 팔레스타인은 반유대주의에 지쳐 도망갈 곳을 찾던 유럽 내 유대인들의 국가로 선언됐다. 영국은 1917년 팔레스타인이 전 세계 유대인의 국가라고 확인하는 선언문을 발표했고 "이러한 목적을 원활히 달성하기 위해 최선의 노력을 다할 것"을 약속했다. 이 '벨푸어 선언'은 영국이 팔레스타인을 지배하도록 허용하는 협정 안에 포함되었다.

초기에 아랍인들은 아랍 연방의 독립이 약속대로 현실이
될 것이라 가정하고 팔레스타인으로 이주하는 유대인을 받
아들였다. 그러나 그런 날은 오지 않았다. 제1차 세계대전
당시 아랍의 독립을 대가로 영국군을 지원하기로 동의했던
아라비아 반도의 오랜 지배 세력, 즉 하심 왕조(예언자 무함마
드의 직계자손으로, 아라비아 반도의 히자즈 지역을 역사적으로 통치해왔
으며 현재는 요르단이 유일한 하심 왕국으로 남아 있다-옮긴이)는 1925
년 아라비아 반도 중부의 부족 연합인 사우디에 패한다. 그
후 사우디는 아라비아 반도의 대부분을 차지하고 '알사우드
왕가의 아라비아'란 의미를 지닌 사우디아라비아로 이름을
바꿨다. 폐위된 하심 왕조의 지도자 중 하나인 파이살 빈 후
세인 빈 알리는 프랑스가 위임통치 하던 시리아의 왕(파이살
1세-옮긴이)으로 추대되었다. 그러나 파이살 1세와 시리아 국
민들은 프랑스의 통치에 저항하다 프랑스군에 패배하고 파
이살 1세는 축출당했다. 그 후 그는 영국의 조력하에 이라크
의 왕위에 올랐다. 파이살 1세의 형인 압둘라는 당시 영국의
보호국이던 요르단의 왕이 되었다. 동시에 유럽의 반유대주
의는 공포스러운 수위에 도달했고 엄청난 난민사태와 함께
팔레스타인으로의 이주가 증가하게 되었다. 벨푸어 선언 당

시 유대인은 팔레스타인 인구의 11퍼센트를 차지했다. 그 후 십 년이 채 지나기 전에 이 비율은 유럽발*ⁿ 이주의 영향으로 두 배로 증가했고 이는 기존의 토착민을 자극했다.

1930년대 후반은 팔레스타인을 지배하는 영국에 저항하는 아랍인들이 봉기한 시대로 기록된다. 그러는 와중에 유럽에서는 나치즘이 득세하면서 유대인의 팔레스타인 이주가 폭발적으로 증가했다. 영국이 이러한 이주를 제한하려 애를 쓰자 유대인들은 영국 정부를 공격했다. 필연적으로 기존의 유대인과 새로 이주해온 유대인들은 토착 무슬림 및 기독교인들과 격돌했다. 유럽의 유대인들이 생존 그 자체를 위해 싸웠다면 팔레스타인의 무슬림과 기독교인은 영토를 위해 싸웠다.

한편, 제2차 세계대전 당시 나치와의 투쟁으로 기진맥진해진 영국은 더 이상 팔레스타인에 대한 지배를 유지할 수가 없었다. 따라서 영국은 1947년 새로 창설된 UN에 이 문제를 떠넘겼고, 그 결과 이 땅은 두 국가로 갈라지게 되었다. 한쪽 땅은 출신지와 상관없이 유대인에게 주어졌고 다른 한쪽 땅은 종교 정체성과는 상관없이 아랍인에게 주어졌다. 6개월이 지난 1948년 5월, 국제연맹이 인정했던 영국의 팔레스타인 위임통치가 만료되었고 이스라엘은 스스로를 주권국으로 선

언했다. 여전히 영국의 지배하에 있던 국가들을 포함해 아랍
국가들은 즉시 전쟁을 선포했지만 패배했다. 제1차 아랍-이
스라엘전쟁 이후 이스라엘은 UN이 유대 국가로 인정한 영
토보다 더 넓은 땅을 차지하게 되었다. 또한 요르단은 팔레
스타인의 영토였던 요르단 강 서안을 지배하고 이집트 역시
팔레스타인의 영토였던 가자지구에 실질적인 영향력을 발휘
하기 시작했다. 그 결과 거의 80만 명의 팔레스타인인이 난
민이 되었다. 이들은 서안과 가자, 그리고 인근 국가로부터
UN이 운영하는 난민촌으로 대피했고 약 70년이 지난 오늘
날에도 여전히 난민촌이 남아 있다.

이집트는 1952년 영국으로부터 독립을 쟁취했다. 이집트
의 가말 압둘 나세르 대통령은 팔레스타인 땅을 이스라엘로
부터 다시 빼앗아 오겠다고 위협했고, 자극받은 이스라엘은
1967년 이집트를 침공하기에 이르렀다. 시리아와 요르단이
이집트를 지원하고 나섰지만 아랍 국가들은 또다시 패배했
다. 이스라엘은 서안과 가자지구를 차지했고 또 다른 난민을
양산했다. 아랍인들은 1973년 다시 한 번 팔레스타인 영토를
되찾기 위해 노력했지만 패배하고 말았다. 오늘날 UN 팔레
스타인난민구호기구에 등록된 팔레스타인 난민의 숫자는 거
의 500만 명에 달한다.[5]

1967년과 1973년 두 차례의 아랍−이스라엘전쟁 이후 UN 안전보장이사회는 이스라엘이 서안과 가자지구의 팔레스타인 영토를 무력으로 점령한 건 불법임을 확인하고 이 지역에서 물러나도록 요구했다. 이스라엘은 이에 응하지 않았다. 대신 두 지역 모두를 식민지로 점령했다. 2005년 이스라엘은 가자지구에서 철수했지만 오늘날까지 팔레스타인 국경 안쪽으로 완충지대를 설정하고 강력하게 수입을 제한하는 등 여전히 팔레스타인의 국경 지역에서 절대적인 영향력을 발휘하고 있다. 가자지구 무장 세력은 이스라엘의 지배에서 벗어나기 위한 노력의 일환으로 이스라엘에 주기적으로 박격포 공격을 하기 시작했지만 이는 두 차례의 보복전쟁으로 이어지면서 결국 이스라엘의 지배력만 강화시켰다. 1967년 이스라엘이 차지한 땅에서 철수하라는 UN의 반복되는 요구는 지금껏 성과를 거두지 못했고 비폭력 저항운동 역시 마찬가지다. 서안과 동예루살렘은 여전히 이스라엘의 군사 점령하에 남아 있으며 이스라엘 정부가 불법적으로 이주를 추진한 결과 약 50만 명의 이스라엘인이 거주하고 있다. 가자와 서안의 제한적인 자치지구를 제외하고 팔레스타인인들은 여전히 무국가 상태다.

가자는 세상에서 가장 가난한 곳 중 하나다. 수자원은 오염되었고 사회간접자본은 이스라엘의 공습으로 파괴되었다. 서안에서의 삶은 가자보다 그나마 조금 나은 수준이다. 이스라엘이 처음 서안과 가자지구를 점령하던 때부터 침해받은 팔레스타인의 권리는 문서로 잘 기록되어 있다. 각 전쟁이 발발할 때마다 위법행위의 사례와 전쟁범죄에 대한 고발 건수가 급증했다. 가장 최근에 발발한 전쟁은 2014년 여름 가자지구에서의 '50일 전쟁'이다. 국제사면위원회는 50일 전쟁 중 이스라엘군이 539명의 어린이를 포함한 1,500명의 민간인을 학살했으며 부상자는 수천 명에 이른다고 보고했다. 대규모 민간인 추방과 재산 및 기반 시설의 파괴에 관한 보고에 더해 다음과 같은 보고가 이어졌다.

이스라엘은 가자지구의 영공과 영해, 영토에 대한 봉쇄를 유지했고 180만 명의 거주민을 집단적으로 가해했으며 인도주의적 위기를 심화시켰다. 서안에서 이스라엘군은 어린이를 포함해 팔레스타인 시위대를 무법적으로 살해했고 일련의 팔레스타인 자유운동을 억압 제한했다. 그리고 이스라엘인들의 불법적인 이주를 장려하는 한편 이들이 팔레스타인인을 공격하고 재산을 파괴해도 거의 처벌하지 않았다. 이스라엘군은 수천 명의 팔레스타인인을 구금하고 이들 중 일부를 고문했으며 정치범들을 재판 없이 구속했다. 이스라엘 정부는 이스라엘에 있는 '무허가 거주지' 내 팔레스타인 베두인족의 집들을 철거하고 강제적으로 퇴거시켰다. 이들은 또한 망명 신청자를 포함해 수천 명의 외국인 이민자를 즉결적으로 구금하고 추방했으며 이스라엘의 양심적 병역 거부자들을 투옥했다.[6]

기타 불만들

주류 무슬림과 국제 지하드 세력이 공통적으로 불만을 가지고 있는 사안들은 다양하다. 팔레스타인과 이스라엘의 충돌처럼, 이러한 불만은 아랍제국들이 몰락하고 유럽 열강에 의한 식민지 정책이 펼쳐진 시기로 거슬러 올라간다. 인도 아대륙 북서부 카슈미르 지역이 여전히 미해결 상태인 것이 가장 두드러진 예시다. 영국은 인도를 18세기부터 제2차 세계대전이 끝날 때까지 간접적으로 지배해왔다. 그리고 제2차 세계대전이 끝난 후의 팔레스타인과 마찬가지로 영국은 더 이상 지배할 수 없게 된 인도 땅을 분할하기로 결정했다. 이 경우는 영토의 한쪽은 힌두교 신자에게, 다른 한쪽은 무슬림에게 나눠주기로 한 것이었다. 1947년 인도가 분할되면서 파키스탄과 방글라데시가 건국됐다. 그러나 히말라야 산맥의 아름다운 고산지대인 카슈미르는 분할 당사자들 간에 문제를 야기했다. 카슈미르 인구의 대부분은 무슬림이었으나 통치자는 힌두교 신자였다. 인도의 주장에 반발하는 파키스탄 및 카슈미르 독립 지지자들은 세 번의 인도-파키스탄전쟁을 일으켰고 셀 수도 없이 많은 수의 사상자가 발생했다. 인도가 인권을 유린하고 있다는 주장은 이미 널리 알려져 있다. 이 지역은 여전히 불안하고 중무장된 라인 오브 컨트롤 line of control, 즉 통제선을 가운데 두고 인도와 파키스탄으로 갈라져 있다.

빈 라덴이 1996년 발표한 메시지에서는 미국인에게는 2001년 흥행한 영화 〈블랙 호크 다운〉으로 친숙한 소말리아 지역도 언급된다. '아프리카의 뿔(horn of Africa, 아프리카 대륙 북동부의 뿔처럼 튀어나온 삼각형 반도 지역-옮긴이)'에 위치하고 홍해와 인도양이 국경을 이루는 소말리아는 아프리카에서 가장 긴 해안선과 가장 아름다운 해변을 가진 나라다. 이 지역은 고대부터 번영한 무역 중심지였다. 영국과 이탈리아는 소말리아를 두고 경쟁했고 저항운동을 잔혹하게 진압했다. 결국 이 지역은 영국령 소말릴란드와 이탈리아령 소말릴란드로 분할되었다. 1941년 영국은 소말리아 전체를 지배하에 넣었고 1960년에는 소말리아의 독립을 인정했다. 그러나 남부의 옛 이탈리아령과 북부의 옛 영국령은 언어를 비롯해 공통적인 부분이 거의 없었다. 소말리아의 정치는 씨족 중심적이었고 새로운 통합 국가 안에서 경쟁할 태세를 갖추는 중이었다. 여기에 더해, 영국인과 이탈리아인들은 가장 큰 소수민족인 소말리족을 이웃 국가인 케냐와 에티오피아에 남겨두는 방식으로 국경을 결정함으로써 또 다른 불만의 시초를 제공했다. 이러한 불만은 불안정으로 이어졌고 결국 1969년에는 군사 쿠데타가 발발하고 말았다. 1977년 군정은 소말리족이 다수를 차지하는 지역인 에티오피아의 오가덴을 소말리아로 편입하기 위해 노력하는 과정에서 에티오피아와 전쟁을 일으켰다. 초기 몇 번의 승리 후 소말리아는 소련의 군사적 개입으로 말미암아 에티오피아에서 강제 퇴각했다. 소말리아 정부는 그 후 냉전시대에 미국의 충실한 동맹국이 되었다. 그러나 소말리아 정부의 독재정치는 1980년 후반 시민혁명을 촉발시켰다. 중앙정부는 전복되었고 소말리아는 경쟁적인 씨족 중심의 정치 단위들로 쪼개졌다. 이러한 씨족 무리들이 다양한 외부 세력의 지원을 받아 대립하면서 일반 국민들은 가장 기본적인 인간의 욕구조차 존중받지 못하며 고통받고 있다. 1991년 UN 사무총장 부트로스 부트로스 갈리는 이 사태를 기아를 통한 집단학살이라고 묘사했다. 시민혁명이 계속되는 가운데 연이은 가뭄은 소말리아의 상황을 더욱 악화시키고 있을 뿐이다.[7] 수십만 명의 소말리아 난민이 쏟아지고 있다. 또한 해적이나 민병대와 같은 '지하경제'로 눈을 돌린 이들도 있으며 그중에는 최근 IS에 대한 충성을 맹세한 악명 높은 이슬람 극단주의 무장단체 알 샤바브도 포함된다. 또다시 가난과 혼란은 서구 제국주의가 자아낸 결과라 할 수 있겠다.

체첸공화국은 빈 라덴이 언급한 또 다른 분쟁 다발 지역이다. 1996년 메시지가 공개된 당시만 해도 체첸에 대해 아는 서구인은 거의 없었다. 그러나 소말리아와 마찬가지로 체첸은 테러리스트의 공격이 이어지면서 서구의 관심을 받기시작했다. 2013년 보스턴 마라톤 폭탄테러는 서구인의 머릿속에 체첸이라는 이름을 깊이 새겼다. 이 사건으로 관중 3명이 사망하고 250명 이상이 부상을 입었다. 범인인 타메를란과 조하르 차르나예프는 특정 테러조직 소속이 아니었지만 러시아가 체첸 국민을 취급하는 방식에 격노하고 있었다. 체첸은 흑해와 카스피해 사이에 위치한 자그마한 지역이다. 아

프가니스탄과 마찬가지로 체첸은 세계에서 가장 오래된 무
역로인 실크로드가 지나가는 역사적으로 중요한 곳이었다.
따라서 역사에 등장하는 모든 황제들은 이곳을 탐냈다. 러시
아는 폭군 이반 4세가 재위한 16세기에 체첸 지역을 차지하
려 노력하기 시작했다. 이반 4세는 자신의 러시아 이름인 이
반 그로즈니를 따서 체첸의 수도를 그로즈니라고 명명하기
도 했다. 체첸은 페르시아의 보호를 받고 있었지만 페르시아
는 18세기 초 표트르 대제의 팽창 정책에 패배하고 만다. 체
첸과 다른 부족들은 19세기 러시아가 그 지역을 완전히 장악
한 후에도 수없이 많은 투쟁을 통해 러시아에 맹렬히 저항했
다. 볼셰비키 공산혁명으로 1917년 로마노프 황제가 폐위되
자 체첸 및 인접 지방인 잉구세티아와 다게스탄은 독립을 선
언한다. 그러나 소비에트 연방은 1921년 그 지역을 다시 점
령했다.

　체첸 및 그 외 소련과 러시아의 지배를 받던 국가의 국민
들이 겪어야 했던 공포는 묘사가 불가능할 정도다. 예를 들
어 제2차 세계대전 동안 소련은 이들이 나치독일에 가담했
다고 거짓으로 몰아붙이고 대부분을 시베리아와 동토 지역
으로 한 겨울에 강제 이주시켰다. 이에 저항한 이들은 총살
당해야만 했다. 보스턴 테러범들의 가족 역시 강제 이주민

가운데 하나였다. 강제로 나라를 떠나야 했던 이들은 말 못
할 고통을 겪었고 결국 반 이상이 사망했다. 2004년 유럽의
회는 이를 두고 제노사이드, 즉 민족학살이라 비난했다.

1991년 소련이 해체되고 체첸은 다시 한 번 독립을 선언
했다. 그러나 러시아는 이를 허용하지 않았다. 1994년 러시
아는 이를 응징하기 위한 군사사태를 벌였다. 체첸의 초대
대통령 조하르 두다예프는 2년 후 암살당했고 소말리아에서
와 마찬가지로 혼란은 가중됐다. 부당 이득자들과 자칭 이슬
람주의자들을 포함한 무장 범죄조직들은 이 혼란을 틈타 부
를 축적했다. 일부는 러시아에서 테러공격을 감행해 민간인
수백 명의 목숨을 앗아갔다. 이는 잔혹한 보복으로 이어졌고
러시아는 또 다른 전쟁을 일으켰다. 2000년 봄, 민간인 대다
수를 포함한 수만 명이 희생된 후에야 전쟁은 공식적으로 끝
이 났다.

그러나 반란은 계속되는 중이며 끔찍한 인권유린 사례도
계속 보고되고 있다. 러시아의 저널리스트이자 인권운동가
인 안나 폴릿콥스카야는 체첸에서 대량학살을 주도한 러시
아 대통령 블라디미르 푸틴을 노골적으로 비판해왔다. 폴
릿콥스카야는 2001년작 『더러운 전쟁A Dirty War』과 2003년작
『지옥의 한 구석A Small Corner of Hell』 등의 책을 통해 체첸과 다른

지역에서 벌어진 광범위한 박해에 대해 알렸다. 그녀는 2006년 살해당했다.

빈 라덴은 다른 지역에 대해서도 언급했다. 보스니아에서는 유고슬라비아가 붕괴된 후 발발한 전쟁에서 8,000명 이상의 민간 무슬림이 학살당했다. 미얀마에서는 노벨 평화상 수상자이자 미얀마 국가자문역인 아웅 산 수지가 무슬림 소수민족인 로힝야족에 대한 국가 차원의 차별에 침묵한다고 비난받고 있다. 국제 인권단체 휴먼 라이트 워치는 시민권 거부와 종교·취업·거주의 자유 규제, 그리고 강제적 이주 등 미얀마 정부의 체계적인 탄압에 대해 보고했다. 2012년에만 14만 명 이상이 무력에 의해 강제로 집을 떠나야 했다.[8]

이러한 사례들과 그 외 비슷한 탈식민시대의 충돌들은 전 세계 무슬림에게 문제시되었고 국제 인권과 평화, 안전에 관심을 갖는 모든 사람들에게도 마찬가지였다. 그러나 무슬림의 대부분은 국제적인 지하드의 이슈와 전략을 거부한다. 팔레스타인의 하마스와 같이 점령에 항거하기 위해 테러리스트의 전술을 사용하는 이슬람주의 단체조차 국제적인 반서구 어젠다는 가지고 있지 않다. 하마스의 관심사는 매우 민족주의적이다. 팔레스타인의 어느 정책기구가 내놓은 최근 보고서에서 국제 지하드 세력이 팔레스타인을 명분으로 삼는 것을 비난했다는 점은 시사하는 바가 크다. 이 보고서는 IS가 팔레스타인 지도자들에 대해 이스라엘보다 더 많이 비난하며 자신들의 몸집을 키우는 데에 팔레스타인의 고통을 적극적으로 이용한다고 지적했다. 보고서는 모든 팔레스타인 운동의 민족주의적 목표를 다음과 같이 확인했다. "하마스와 같은 조직에서조차 무슬림이 아닌 팔레스타인인으로서의 정체성이 지배적이며 정치적 목표 역시 팔레스타인 민족자결권이지 초국가적인 이슬람 정부의 수립이 아니다." 이는 왜 88퍼센트의 팔레스타인인이 IS를 맹렬히 비난하며 77퍼센트가 IS에 대한 서구와 아랍의 공격을 지지하는지 설명해준다.[9]

그렇다. 전 세계 무슬림들은 많은 관심사를 공유한다. 그러나 대부분은 국제적인 이슬람 정부에는 관심이 없다. 심지어 테러 전술을 사용하는 조직들조차 민족주의적 어젠다와 관련해 매우 제한적인 경우에만 테러리스트로 활동한다. 그리고 실제로 '우주의 지배자'로 추정되는, 즉 서구에 저항하는 테러공격 대신 대다수의 무슬림은 각자의 사회에서 훌륭한 협치와 발전이라는 목표를 달성하기 위해 평화적으로 노력한다. 다음 장의 주제가 바로 이것이다.

05

주류 무슬림의 전략

앞서 서술한 사안들에 대한 불만은 대부분의 무슬림 국가들이 경험한 유럽 식민주의에 뿌리를 두고 있다. 이번 장에서는 그 결과 초래된 난제들을 무슬림들이 전반적으로 어떻게 해결해가고 있는지에 대해 특히 정치·사회경제학적 발전을 중심으로 설명할 예정이다. 또한 서구의 정책이 무슬림 국가에 여러 영향을 미쳤음에도 불구하고 때론 서구와 돈독한 관계를 유지하는 방식에 대해서도 살펴볼 것이다.

가장 무슬림 수가 많은 국가는 인도네시아다. 2억 5,000만 명의 인구 중 88퍼센트가 무슬림으로, 전 세계 무슬림의 13퍼센트 이상을 차지한다. 그 다음은 파키스탄이다. 실제로 전 세계 무슬림의 약 3분의 1이 아시아에 거주한다. 식민지를 경험한 모든 이들이 그러하듯 이들 역시 경제발전과 민주주의, 인권을 열망한다. 그리고 식민지 역사에서 비롯된 어려움에도 불구하고 대체로 서구와 우호적인 관계를 유지하고 있다.

아시아

인도네시아는 1949년 유럽 식민국 네덜란드의 지배에서 벗어나기 위해 혈투를 벌인 끝에 독립 국가가 됐다. 현지의 선호보다는 식민국의 필요에 따라 국경이 결정된 탓에 민족적, 언어적으로 매우 다양한 이 나라는 잠재적으로 불안정할 수밖에 없었다. 인도네시아는 처음부터 군부가 장악했지만 초대 대통령인 수카르노는 민주주의를 국가의 궁극적 목표로 천명했다. 수카르노는 그 유명한 '다섯 가지 원칙'인 판차실라pancasila를 수립했다. 독립 이후 인도네시아의 민주주의적 발전을 인도하고 있는 판차실라는 인도네시아의 민족주의, 국제적인 수준의 정의, 민주주의적 통치, 사회복지, 그리고 유일신 신앙을 골자로 하고 있다. 군부는 1955년 국회를 구성하기 위해 인도네시아 첫 선거를 기획했지만 민족적, 이데올로기적 경쟁이 나라를 갉아먹었다. 불안정을 가라앉히기 위해 수카르노 정권은 국회의 권력을 축소하고 시민적 자유를 제한했다. 이러한 조치는 대중적 불만으로 이어졌고 결국 군사 쿠데타가 발생했다. 이후에는 대중적 불만을 비난한 공산주의와 좌파로 의심되는 모든 이들에 대한 무력적인 탄압이 일어났다. 1967년 확고한 친서방주의자 수하르토가 수카르노로부터 전권을 이양받고 이듬해 선거에서 승리했다.

군부는 제한된 민주주의로 다시 돌아왔지만 여전히 문제들이 남아 있었다. 인도네시아의 1만 4,000여 개의 섬 중 하나인 티모르는 1914년 네덜란드와 포르투갈에 의해 둘로 나뉘었다. 네덜란드가 식민지를 포기하자 오직 서티모르만이 인도네시아에 편입됐고 동티모르는 1975년 포르투갈이 철수할 때까지 식민지로 남아 있었다. 그 후 인도네시아가 동티모르를 합병하자 동티모르인들은 단호하게 이에 저항했다. 인도네시아 군대는 동티모르를 굴복시키기 위해 무력을 행사했고, 결국 약 20만 명의 사상자를 내고 끔찍한 인권유린을 저질렀다. 게다가 인도네시아 국민들은 더 과감한 민주개혁과 만연한 부정부패의 척결을 두고 지속적으로 합의를 이루지 못하고 있었다. 1997년 아시아 경제위기와 인도네시아 통화 붕괴는 대규모 시위로 이어졌고 결국 수하르토는 하야했다.

집권 내내 수하르토는 굳건한 친서방주의를 유지하며 반
공산주의 입장을 고수했다. 그러나 인도네시아 국민들의 민
주주의에 대한 열망을 억누를 수는 없었다.

수하르토의 축출과 함께 인도네시아 국민들은 드디어 대
통령을 선출할 수 있는 기회를 얻게 되었다. 1999년 인도네
시아의 친민주주의 무슬림 조직인 나흐타둘 울라마의 대표
압둘라흐만 와히드가 대통령으로 선출됐다. 두르 형님을 뜻
하는 구스 두르Gus Dur라는 애칭으로 불린 와히드 대통령은 국
민의 사랑을 받았다. 그는 시민의 정치적 권리를 회복시키고
부정부패를 척결했으며 특히 인도네시아 화교들과의 관계를
개선함으로써 매우 존경받았다. 또한 동티모르 국민에게 사
과하고 그곳에서 잔혹행위를 저지른 군 장군을 해임하는 한
편 동티모르의 인권유린 실태를 조사할 특별조사단을 조직
했다. 그러나 와히드 대통령에게는 실질적으로 통치 능력이
결여되어 있었다. 국회는 그를 탄핵하고 그 자리에 부대통령
이자 수카르노의 딸인 메가와티 수카르노푸트리를 앉혔다.

수카르노푸트리가 취임한 직후는 알 카에다가 9·11 테러
를 통해 세상에 알려진 때이다. 알 카에다와 연계된 테러리
스트들은 2002년 인도네시아 발리의 한 나이트클럽을 폭파
했고 200명 이상이 숨졌다. 경찰 조사 결과 4명이 유죄를 선

고반았다. 그 외에도 인도네시아에서는 서구의 상징이라 여겨지는 목표물을 대상으로 유사한 테러가 여럿 발생했으며 인도네시아 정부는 테러리즘에 대항하기 위해 서구와 지속적으로 협조하고 있다.

수카르노푸트리는 2004년 선거에서 인도네시아 민주당의 수실로 밤방 유도요노에게 패한다. 흔히 SBY로 불리는 유도요노는 경제 회복과 의료 및 교육을 포함한 사회적 기반 시설 확충 등을 두루 살폈다. 이러한 유도요노의 방식은 그가 최우선으로 추진하는 환경 관련 사안들과 함께 2009년 그의 재선을 뒷받침했다. 2014년 선거에서는 조코위로 알려진 조코 위도도가 승리했다. 여러 경제적 난관 앞에서 조코위는 아직 자신의 능력을 검증받는 중이지만 인도네시아 무슬림의 민주주의는 건강하고 생기 넘치며, 여전히 인도네시아는 서구 동맹국으로 남아 있다. 인도양과 환태평양 지역을 잇는 말라카 해협은 세계에서 가장 중요한 항로 중 하나다. 따라서 서구가 경제적 이익을 추구하는 데에 필수적인 역할을 한다. 인도네시아는 국가안보를 지키고 테러리즘에 대항하기 위해 서구 열강과 계속 협력하고 있다. 그리고 여론조사 결과 일부 서구 정책은 지지를 받지 못함에도 불구하고 인도네시아 국민 3분의 2가 미국에게 호의적인 것으로 나타났다.[1]

1억 8,500만 명의 인구수를 가진 파키스탄은 앞서 말했듯 세계에서 두 번째로 큰 무슬림 국가다. 파키스탄은 1947년 영국이 인도에서 물러나면서 인도 아대륙 무슬림을 위한 국가로 출발했다. 1948년에 통과된 목표 결의안에 따르면 파키스탄은 국민이 선출한 대표들에 의해 권력이 움직이는 민주주의 국가였다. 이는 민주주의, 자유, 평등, 관용, 사회적 정의와 사법부의 독립을 명시한 이슬람의 원칙을 바탕으로 하고 있었다.

그러나 파키스탄은 그 민주주의적 목표를 달성하기에는 결코 쉽지 않은 행보를 보이고 있다. 우선, 파키스탄은 인도에서 분리되었지만 군사력을 제외하고는 아무런 관료체제도 갖추고 있지 않았다. 게다가 파키스탄을 이루는 동파키스탄과 서파키스탄 사이는 1,600킬로미터가 넘는 적대적인 영토가 가르고 있었고 언어와 문화도 마찬가지였다. 이러한 상황에서 권력의 분담은 불가능했고 이는 내전으로 이어져 결국 1971년 동파키스탄은 방글라데시로 독립했다. 이에 더해 카슈미르 지방을 두고 인도아 별인 국경 분쟁은 세 번의 전쟁으로 이어졌고 여전히 미결 과제로 남아 있다. 또한 1980년대 소련이 점령한 아프가니스탄과 이웃한다는 이유로 파키스탄은 미국이 주적主敵 소련을 겨냥한 군사작전에서 대리인 역할을 해야 했다. 이러한 요인들로 인해 파키스탄의 짧은 역사는 군부가 장악하게 되었다. 문민정부는 군사 쿠데타로 인해 세 차례 전복되었고 매번 서구가 지원에 나섰다.

　더욱이 군사체제는 유지 비용이 높다. 파키스탄 국가예산 중 군비는 단일 항목으로서 가장 큰 비율을 차지하고 있으며 파키스탄 지도층에는 부정부패가 만연해 있다. 적어도 3명 이상의 파키스탄 총리가 뇌물수수 혐의나 고발로 인해 해임되었다. 이는 파키스탄이 오랜 경제 침체를 겪을 수밖에 없도록 만든 뇌물 문화의 한 단면이다. 의료 및 교육을 포함해 사회복지 전반에서 어려움을 겪고 있는 파키스탄은 2014년 UN이 기대수명, 교육수준, 1인당 소득 등의 데이터를 종합해 평가하는 인간 개발 지수human development index에서 188개국 중 147위를 차지했다.[2]

　경제적 압박은 필연적으로 사회적 불안정을 낳는다. 특히나 다민족 국가에서는 경제적 어려움이 민족적 관점으로 인식될 수도 있다. 파키스탄 지도층은 언제나 동부 지방인 펀자브와 신드 출신 엘리트들이었다. 자연스레 서부 지방은 소외감을 느낄 수밖에 없었다. 이란과 국경이 맞닿은 발루치스탄은 파키스탄에서 가장 큰 주다. 발루치스탄의 천연가스와 구리 및 금, 그리고 긴 해안선과 인도양으로의 접근성이 좋은 항구 덕에 이곳은 파키스탄에서 가장 가치 있는 지방으로 꼽힌다. 그러나 주민들은 국가적으로 입지가 약하다고 느낀다. 발루치스탄의 북쪽으로는 카이베르파크툰크와가 위치하고 있다. 이곳의 옛 이름은 북서변경주였으며 아프간족의 고향이라는 의미의 아프가니아라고 불리기도 한다. 아프간족은 파슈툰이나 파탄, 또는 파흐탄으로도 알려진 민족이다. 그러나 파키스탄에 살고 있는 파슈툰족의 수는 전 세계 파슈툰족 인구의 고작 3분의 2를 차지한다. 나머지 3분의 1은 아프가니스탄에 살고 있다. 역시나 1893년 영국이 주도한 불합리한 국가분할 때문이다. 듀랜드 선durand line은 세계에서 가장 높은 산맥을 가로지른 채 약 2,400킬로미터에 걸쳐 영국이 인도에서 행사하고 있는 통치권의 범위를 그렸다. 그러나 그곳을 고향이라 부르는 노련한 아프간 산악인들에게 현 국경은 허점투성이다. 미국의 아프가니스탄 점령에 저항하고 있는 이들에겐 파키스탄에 거주하는 같은 민족 사이로 숨어드는 것은 상대적으로 쉬운 일이다. 미국이 2004년 파키스탄에서 드론을 이용한 공격을 시작한 이유다. 부정확한 것으로 악명 높은 드론공격은 말 그대로 파키스탄에서 수도 없이 많은 민간인 사상자를 냈고 반미 감정을 부추겼다. 실질적으로는 미국의 파키스탄 내 드론공격은 파키스탄 극단주의자들을 끌어들이는 효과적인 방법이 되어버린 것이다. 그 결과 파키스탄 내 소수 기독교인은 서구의 상징으로서 표적이 되었고 2016년 3월 라호르 자폭테러로 인해 70명이 목숨을 잃었다.

그러나 파키스탄의 민주주의 심장은 여전히 움직인다. 군사정권은 민중의 압박에 의해 반복적으로 민주주의 정부로 교체된다. 가장 최근인 2008년에는 미국과 동맹관계에 있던 페르베즈 무샤라프 군사정권이 무너졌다. 그리고 1970년대 이후 태어난 젊은 유권자 층 사이에서는 파키스탄 역사상 처음으로 성공적인 정치 활동을 벌이고 있는 정당을 지지하는 비율이 늘어나고 있다. 파키스탄 정의운동은 1996년 자선활동가이자 전 크리켓 국가대표 선수였던 이므란 칸에 의해 설립됐다. 정치에 관심이 많은 젊은 세대에게는 아이돌과도 같은 이므란 칸은 민주주의와 사회적 기반 시설을 발전시키는 한편 부정부패를 척결하고 국외전쟁에의 협력을 중단하기 위해 노력하고 있다. 그리고 이는 모두 핵심적인 이슬람 가치의 관점에서 설명된다. 게다가 이 지역에서 서구의 정책들이 큰 지지를 얻지 못함에도 불구하고 파키스탄은 여전히 대테러리즘에 있어서 서구의 전략적 동맹국이다. 무역관계 역시 여전히 돈독하다. 미국과 EU는 파키스탄의 가장 큰 무역

상대국이다.

세 번째로 무슬림 인구가 많은 국가는 인도다. 그러나 인도 내에서 무슬림이 차지하는 비율은 15퍼센트로, 분명 소수민족의 지위다. 1947년 인도의 분할을 두고 발생한 무력 충돌부터 시작된 갈등은 여전히 적대적으로 표출되곤 한다. 1992년과 1993년 겨울에 봄베이(현재의 뭄바이)에서는 16세기에 지어진 이슬람 사원인 바브리 마스지드가 파괴된 후 벌어진 폭동에서 900명이 목숨을 잃었다. 2002년에는 구자라트에서 또다시 종교적 폭력사태가 발생했고 양측은 상대방의 극단주의를 탓했다. 구자라트 폭동에서 희생된 여성과 어린이를 포함한 민간인은 수천 명에 달하며 그중 대부분은 무슬림이었다. 1993년과 2006년, 그리고 2008년에 벌어진 뭄바이 테러공격으로 대표되는 이러한 적대감은 힌두 민족주의와 이슬람 극단주의가 확산된 데에서 기인한다. 그럼에도 불구하고 무슬림은 인도에서 한창 꽃피우는 민주주의에 계속적으로 참여하고 있다. 무슬림은 늘 인기 높은 발리우드 영화를 비롯해 인도 경제 및 문화 방면에서 활발히 활동하고 있다. 또한 인도의 역대 대통령 12명 중 3명이 무슬림이며 4명은 대법관으로 재임했다.

예전엔 동파키스탄이었던 방글라데시는 네 번째로 큰 무

슬림 국가다. 식민지 시절 방글라데시는 인도에서 가장 부유한 지역 중 하나였지만 식민 정책으로 인해 가장 가난한 지역으로 몰락했다. 1971년 내전으로 방글라데시가 탄생했지만 이는 나라를 더욱 나락으로 떨어뜨렸다. 서파키스탄 군대는 사회 기반 시설과 산업, 주택, 농업 자원 등을 모두 파괴했다. 방글라데시 건국 후에는 또다시 기근이 닥쳤다. 홍수와 정책 오류 등의 결과로 발생한 1974년 기근은 100만 명의 희생자를 냈다. 그다음 해에는 두 번의 군사 쿠데타가 발생했다. 4년 후 지아우르 라흐만 중장은 방글라데시를 민정으로 복귀시켰다. 방글라데시 건국을 함께했던 정당인 아와미 연맹은 나라를 사회주의 노선으로 이끌었다. 라흐만은 방글라데시 민족주의당을 창립하고 방글라데시를 자본주의 국가로 재정립하기 위해 노력했다. 그러나 라흐만 역시 쿠데타와 인종갈등 문제에 직면했고 1981년 군벌에 의해 암살당했다. 결국 1991년에야 민주주의로 복귀할 수 있었고 라흐만의 미망인인 칼레다 지아가 국무총리로 취임했다. 1996년 선거로 아와미 연맹은 다시 권력을 잡게 되었다. 아와미 연맹의 대표 셰이크 하시나는 인도, 파키스탄, 터키와의 협력을 모색하며 방글라데시를 안정시켰다. 그러나 경제적 어려움은 계속됐다. 2001년 선거 결과 방글라데시 민족주의당 대표 칼레다 지아가 연정聯政 지도자로 자리를 되찾았다. 방글라데시의 경제, 사회복지, 국제관계를 강화하기 위한 노력은 계속됐다. 그러나 2006년 지아 정권이 뇌물수수 혐의로 무너지면서 과도정부가 들어섰다. 민중의 불만과 반정부 시위가 불거지자 군부는 국가비상사태를 선포했다. 이후 2008년에 아와미 연맹의 셰이크 하시나가 국무총리로 재취임하면서 방글라데시의 민주주의가 회복됐고 2014년 하시나는 재선에 성공한다. 인도네시아와 파키스탄의 경우와 마찬가지로 험난한 현대사를 거치면서도 방글라데시는 지역안보와 대테러 활동을 위해 지속적으로 서구와 긴밀한 협조관계를 유지하고 있다.

중동 지역

주류 무슬림이 식민시대의 잔재에서 회복하기 위해 쏟는 노력에 관한 더 좋은 예시로 터키계, 페르시아계, 아랍계 중동 국가들을 들 수 있겠다. 7,500만 명의 인구를 가진 터키는 중동 지역에서 가장 오래된 민주 국가다. 터키는 제1차 세계대전이 끝난 후 오스만제국이 와해되고 칼리프 제도가 폐지되면서 건국되었다. 그러나 터키는 이미 강력한 민주주의적 전통을 지니고 있었다. 1870년대 개혁가들은 '술탄'이 입헌민주제를 도입하도록 압박하는 데에 성공했다. 얼마간은 오직 이름뿐인 개혁이었지만 1908년 결국 터키 정부는 다당제 선거를 허용하게 된다. 전쟁이 끝난 후 현대 터키 건국의 아버지 무스타파 케말 아타튀르크(atatürk, 터키의 아버지라는 뜻−옮긴이)는 새로운 민주주의 및 경제 개발 정책에 착수한다. 아타튀르크의 목표는 현대적 경제화를 통해 단시일에 강한 터키를 만드는 것이었다. 이는 아타튀르크가 추진하는 정책들이 하향식이며 전통적인 종교적 권위를 무시하고 때론 대중에 혼란을 주기도 한다는 의미였다.

아타튀르크는 터키가 서구 연합국 편에 섰던 제2차 세계대전이 발발하기 전에 사망했다. 다른 국가들과 마찬가지로 투르크족은 공산주의의 확산을 두려워했다. 터키 군대는 한국전쟁에서 공산주의에 맞서 싸웠고 1952년에는 공산주의 확산으로부터 서구세계를 보호하기 위해 설립된 북대서양조약기구NATO에 가입했다. 소련의 확대와 국경 분쟁, 인종갈등에 대한 지속적인 공포는 터키 내 불안정을 가져왔고 결국 1960년과 1972년, 1980년 군사 쿠데타가 일어났다. 그러나 터키 정부는 지속적으로 민주주의를 유지하고 있다.

1970년대 좌파와 우익 군국주의자들이 충돌했고 터키는 격동의 시기를 보내야만 했다. 1980년대 다시 안정과 민주주의를 회복했지만 군부 중심의 기존 엘리트들과의 갈등은 좌파와 종교 중심 정당이 이끄는 새로운 민주주의운동을 낳았다. 민주주의와 종교적 가치를 모두 옹호하는 두 정당이 급부상했다. 바로 복지당과 모국당이었다. 대중이 세속주의 정당들의 행태에 가지는 불만이 반영된 1995년 선거에서 두 정당은 큰 지지를 얻었다.

전통적인 세속주의 엘리트들은 이러한 포퓰리즘의 부상에 위협을 느꼈다. 복지당은 1998년 해체되었고 그 후임인 미덕당 역시 2001년 해체됐다. 이후 새로운 이슬람주의 정당이 옛 복지당 당원들에 의해 세워졌다. 터키어 이름의 첫 글자를 따 AKP라 불리는 정의개발당이었다. AKP는 다원주의, 번영, 실용주의를 내걸고 2002년 총선거에서 압승을 거뒀다. 터키 경제와 복지는 눈에 띄게 발전하고 있고 이에 따라 AKP의 인기도 계속됐다. 그리고 AKP와 그 당수 레제프 타이이프 에르도안은 줄곧 터키 정부를 이끌고 있다.

에르도안과 AKP 역시 비판을 피하지는 못한다. 대통령 권력을 강화해 군부를 최소화하려는 정부의 노력은 권위주의 발흥에 대한 두려움을 낳았다. 그리고 AKP의 공공연한 이슬람주의는 보수적인 세속주의자들을 자극했지만, AKP는 선거

에서 계속 승리를 이어갔으며 터키는 충실한 서구의 동맹국
으로 남았다. 그러나 2003년 미국이 주도한 이라크 침공 결
과, 시리아에서 계속되는 전쟁과 전반적인 지역 불안정은 서
구에 대한 터키인의 지지에 찬물을 끼얹고 있으며 터키가 IS
와 이중거래를 한다는 의혹은 터키에 대한 서구의 태도에 제
동을 걸고 있다. 그럼에도 불구하고 터키는 확고부동하게 서
구 진영을 지키고 있다. 미군과 영국군은 1950년대부터 시리
아 국경 근처 인지를릭 공군 기지를 사용해왔고 실제로 인지
를릭은 북대서양조약기구의 핵무기 저장 지역이다.

이란 역시 중동 지역에서 규모가 큰 비아랍 국가 가운데
하나다. 터키와 마찬가지로 당시 페르시아의 군주국으로 불
리던 이란은 20세기 초 입헌혁명과 맞닥뜨리게 된다. 이란에
도 큰 위협이었던 이웃 국가 러시아는 19세기 이란의 북쪽
국경이었던 카스피 해 북부의 풍부한 유전지대를 차지했다.
그리고 이란 왕가는 1901년 페르시아 남부의 유전을 현재의
브리티시 페트롤륨에 매각했다. 1907년 영국과 러시아는 각
자의 이란 내 의용군을 지원하며 세력권에 따라 이란을 분할
하기로 합의했다. 제1차 세계대전 동안 영국과 러시아는 자
신들의 이권을 보호하기 위해 페르시아를 침공했다. 전쟁이
끝나자 이란은 군부가 권력을 장악했다. 그리고 외국의 지원

을 받는 조직 중 한 곳의 지도자가 스스로 왕위에 올라 레자 샤 팔라비(샤, 즉 Shah는 왕이란 의미다−옮긴이)가 되었다.

레자 샤는 자신의 영웅 아타튀르크와 마찬가지로 단기간 내에 자신의 나라를 현대화하고 발전시키려 노력했다. 레자 샤는 '페르시아 이란'이란 국명을 붙임으로써 국가의 비아랍 적 정체성을 강조했다. 아랍인이 셈족에 속하는 반면에 이란 은 아리아인이란 의미다. 레자 샤는 전통적인 종교를 장애물 로 여기면서 이를 현대화하기 위한 조치를 취했다. 여기에는 전통적인 터번과 히잡의 금지도 포함되었다. 급속한 현대화 와 사회개혁은 일반 대중을 매우 동요하게 만들었다. 국민들 사이에서 정부에 대한 반대 움직임이 일기 시작하자 레자 샤 는 정당 활동을 금지해 더욱 국민에게서 멀어졌다.

제2차 세계대전 중 러시아와 영국이 또다시 이란을 점령 했다. 러시아와 영국은 레자 샤를 불신하는 대신 그의 아들 모하마드 레자 팔라비를 지지하고 레자 샤가 퇴위하도록 압 력을 행사했다. 새로운 샤는 매우 친서구적이었으나 국민들 은 여전히 국가의 자원을 외국이 장악하고 있다는 데에 반발 했다. 샤의 정책에 대한 반대는 점차 조직화되었다. 이란 의 회 내 연합 정당은 이란이 스스로 석유 자원을 관리할 수 있 도록 정부가 협상에 나설 것을 건의했다. 1951년 샤는 민중의 압력에 굴복했다. 석유 국유화를 주장하던 모하마드 모사데크는 곧 이란의 석유 자원을 되찾아오기 시작했다.

자연히 영국은 그 계획에 반대했다. 영국은 자국의 영향력을 유지하기 위한 대책을 강구했고 1953년 모사데크를 몰아내기 위해 미국과 비밀리에 합동작전을 펼쳤다. 모사데크는 체포되어 독방 구금 3년형을 선고받았고 그 후 여생을 가택연금 상태로 보냈다. 샤의 권력은 강화되었고 이란이 받는 이윤 배분율은 커졌다. 그러나 브리티시 페트롤륨은 이후 미국과 유럽기업 간의 컨소시엄을 통해 이란 석유산업에 관여했다.

샤 정권과 샤를 지원하는 외국 세력들은 점점 더 독재화되었고 국민들은 점점 더 등을 돌렸다. 샤는 정치적 반대파와 언론, 학계, 그리고 예술가들은 침묵시킬 수 있었지만 종교지도자들의 목소리까지 잠재울 수는 없었다. 종교지도자들은 추방당하면서까지 대중의 반대를 전하는 목소리가 되어주었다. 그리고 모사데크를 축출하기 위한 미국의 아작스 작전(영국에서는 부트작전이라 불렸다)은 서구의 탐욕과 이중성을 상징하게 되었다.

이것이 바로 1979년 이란에서 발생한 이슬람 혁명과 샤 망명의 배경이다. 미국이 샤에게 뉴욕으로 올 수 있도록 허

115

가하자 이는 테헤란의 미국 대사관 점거를 촉발시켰고 그 유
명한 444일 간의 인질사태가 일어났다. 혁명의 여파가 계속
되던 가운데 미국이 이라크의 이란 침공을 지원하자 반미 감
정은 더욱 거세졌다.

　이란-이라크전쟁으로 인해 이란의 민주화는 다시 한 번
제자리걸음을 해야만 했다. 그러나 1997년 이란 국민은 진
보적 개혁가 모하마드 하타미에게 압도적인 승리를 안겨주
었다. 하타미 대통령은 지적 자유와 서구세계로의 개방, 그
리고 민주주의를 강하게 옹호했다. 젊은 세대는 이러한 메시
지를 환영했지만 서구를 신뢰하도록 보수파를 설득하는 일
은 쉽지 않았다. 2001년 알 카에다가 9·11 테러를 일으키고,
이어서 미국이 이란의 동쪽 아프가니스탄을 점령하자 보수
파는 자신들의 판단이 옳았다고 주장했다. 하타미 대통령은
2005년 선거를 통해 강경한 반서구주의자인 마무드 아마디
네자드에게 대통령직을 넘겨주게 되었다.

　그러나 이란 개혁파는 지속적으로 노력했다. 정치·경제
적 개혁을 주장하는 목소리가 2009년 대통령 선거운동 기간
중 큰 반향을 불러일으켰다. 아마디네자드가 선거에서 승리
하자 국민들은 선거부정을 의심하고 대규모 시위를 벌였다.
이란 국민들은 공공시위를 금지하는 국가에 저항하며 혁신

적인 시위를 주도했다. 약 300만 명이 테헤란의 거리를 가득 메운 채 완전한 침묵을 선보인 것이다. 그렇게 이란의 녹색 운동이 탄생했고 이는 2013년 개혁주의자 하산 로하니가 대통령으로 당선되는 데에 일조했다.

로하니 대통령은 여전히 이란에서 높은 지지를 얻고 있으며, 그러한 지지를 바탕으로 2015년에는 서구와 협상을 벌였다. 서구는 이란의 핵무기 개발을 금지했으나 핵발전소 건설에 동의했으며 이란과 서구는 1979년 혁명 이후 망가진 관계를 회복하기 시작했다. 그러나 오랜 혁명 엘리트들은 여전히 의구심을 품은 채 이란의 군사 정책과 외교 정책에 대한 궁극적인 통제권을 유지하고 있다. 이는 인접 국가인 이라크와 시리아, 예멘에서 벌어지고 있는 전쟁들을 살펴보면 더욱 분명해진다.

이집트는 약 9,000만 명의 인구수를 지닌 가장 큰 아랍 국가로, 몇십 년간의 군사독재 끝에 2012년 성공적으로 민주선거를 치렀다. 그러나 불행하게도 이러한 발전은 중동 지역의 지정학적 문제로 다시 퇴보하고 말았다. 이집트는 1950년대 독립하기 전까지 대영제국의 지배를 받았다. 대개의 경우가 그렇듯 이집트 역시 군사 쿠데타를 통해 독립을 쟁취했지만 그 대가로 군사정부가 세워졌다. 이러한 군정은 2012년 아랍의 봄(2010년 말 튀니지에서 시작되어 북아프리카 및 중동 국가로 확산된 반정부 민주화운동—옮긴이)의 일환으로 호스니 무바라크가 퇴진할 때까지 계속됐다. 19세기부터 이집트는 의회를 구성하고 다양한 형태의 선거를 실시해왔지만 오직 2012년의 선거만이 자유롭고 공정하게 치러진 것으로 여겨진다. 그리고 그 선거에서 가장 오래된 이슬람교 단체인 무슬림 형제단의 대표 무함마드 무르시가 선출됐다.

무슬림 형제단은 폭력을 배격하는 주류 단체다. 이러한 무슬림 형제단의 태도는 알 카에다와 IS 지도자들의 반복적인 비난을 사왔다. 90년이 넘는 역사 동안 무슬림 형제단의 관심은 교육과 의료 등의 사회복지를 제공하는 데에 있었다. 무슬림 형제단은 이러한 복지사업이 이슬람적 가치에 맞춰 사회를 개혁하고 발전시키는 수단이라고 믿고 있다. 여기서 이슬람적 가치란 서구의 소비지상주의적 가치를 상쇄하는 개념이다. 연이어 집권한 군사정부들은 사회복지가 아닌 엘리트층의 부와 권력을 확대하는 데에 치중했기 때문에 무슬림 형제단이 운용하는 복지사업은 이집트 국민에게 꼭 필요한 부분을 채워주고 있었다. 그 결과 무슬림 형제단은 대다수의 서민 사이에서 지지도를 높일 수 있었고 이는 이집트의 첫 민주선거 결과에 강하게 반영되었다.

그러나 무슬림 형제단이 복지사업에 초점을 맞춰왔다는 것은 통치 능력이 미숙하다는 반증이기도 했다. 무르시는 통치 경험이 전혀 없는 의료인이었다. 무슬림 형제단은 극우 이슬람교도 집단과 연립정부를 구성하는 등 통치 첫 해 반론의 여지가 없는 심각한 실책들을 저질렀다. 그러나 이집트 엘리트들이 좀 더 우려한 부분은 무슬림 형제단의 포퓰리즘적 민주주의였다. 기존 지도층이 장악해온 천연자원에는 어떤 변화가 일어날 것인가? 부의 편중을 막아야 한다는 대중의 생각은 이집트 엘리트뿐 아니라 아랍 지역 석유 부국들도 불안하게 만들었다. 이들은 무슬림 형제단이 알 카에다의 앞잡이라고 주장하는 반혁명 세력을 지원했다. 또한 이집트의 경제적 침체를 조장하고 무르시가 선출된 지 1년이 채 되기도 전에 쿠데타를 일으키도록 이집트 군대에 힘을 실어주었다.

2013년 여름부터 이집트는 아프리카에서 가장 강력한 군대의 감시하에 있게 되었다. 쿠데타는 2014년 부정선거를 통해 공인되었다. (쿠데타를 이끈 압둘팟타흐 시시 장군은 투표에서 96퍼센트 이상의 지지를 얻었다.) 이집트 정부는 2013년 8월 라바 광장에서 있었던 그 유명한 유혈사태에서 1,000명에 가까운 민주화 시위자들을 무력 진압하고 살해했다. 그리고 저널리스트와 학생 등 4만 명 이상을 정치범으로 수감했다. 정부는 일괄적으로 허위 재판을 열고 수백 명에게 사형을 선고했으나 그중 다수는 궐석 상태였다. 또한 민주적 절차에 의해 선출됐던 대통령과 무슬림 형제단의 지도자 대부분, 인권운동가와 저널리스트뿐 아니라 대표적인 수니파 종교지도자이자 테러리즘을 공공연히 비난해온 유수프 알 카라다위도 사형 선고를 받았다. 이렇게 이집트는 또다시 군대를 가진 나라가 아닌, 나라를 가진 군대가 되었다. 이집트의 경제는 기록적인 인플레이션 및 실업률과 함께 큰 혼란에 빠졌다. 이러한 쇠퇴는 민주화운동가와 인권운동가들에게 고통을 주는 또 다른 요인이 되었다. 그러나 이집트는 여전히 서구의 동맹국으로서 대테러리즘과 지역적 안보 군사작전을 위해 협력하고 있다.

아랍의 봄이 시작된 튀니지는 미약하지만 그 결실을 맺은 나라다. 튀지니는 19세기에 프랑스의 지배를 받았고 1956년에야 겨우 독립을 쟁취했다. 75년간 외세에 착취당하며 이 나라의 부는 종교에 회의적인 세속주의 엘리트들에게 점점 더 집중되었다. 터키와 이란에서의 사례와 마찬가지로 정부는 종교의 역할을 한정했고 교육과 법을 세속화했다. 1970년대 후반 경제적 문제로 인해 사회 불만은 점점 짙어져갔고

노동쟁의와 대통령을 반대하는 민중시위로 이어졌다. 그리고 이러한 움직임은 강제 진압되었다.

개혁주의자들의 정치적 움직임은 이러한 배경에서 시작됐다. 튀니지 국민의 98퍼센트가 무슬림이며 따라서 자연스럽게 일부 개혁운동은 이슬람적 가치와 규범을 따르게 되었다. 이 가운데 가장 지지도가 높았던 조직은 진보적인 성향의 이슬람 노선운동, 즉 MTI였다. 이 조직은 인간평등과 사회정의라는 이슬람적 가치에 초점을 맞췄다. 이러한 가치들은 최저생활임금 보장과 진정한 민주주의 등 더욱 폭넓은 정치·경제적 참여에 대한 열망으로 표출됐다. 그러나 엘리트주의로 뭉친 튀니지 정권은 MTI의 인기가 점차 높아지자 위협을 느끼기 시작했다.

1980년대에 경제적 어려움이 더해지면서 시위는 더욱 잦아졌다. MTI 지도자들은 체포되었고 엄벌에 처해졌다. 1987년 튀니지의 대통령 하비브 부르기바가 해임되고 그 자리에 제인 엘아비디네 벤 알리가 올랐다. 벤 알리는 튀니지의 반종교적 법률 일부를 개혁하고 정치적 자유를 확대했다.

또한 벤 알리는 MTI를 불법화하려 노력했다. MTI는 당명을 부흥당, 즉 엔나흐다로 바꿨고 일부는 무소속으로 출마함으로써 선거에서 승리했다. 벤 알리와 다른 전투적 세속주의자들은 엔나흐다에 대한 공격을 강화했고 이는 일부 이슬람교도가 과격화되는 결과를 낳았다. 엔나흐다는 비폭력적 노선을 확고히 유지했으나 그럼에도 테러공격에 대해 비난받았다. 수천 명이 체포되었고 구금 과정에서 많은 수가 사망하거나 장기징역을 선고받았다. 공포가 온 나라를 지배했다. 수많은 운동가가 추방당했고 영국은 1993년 엔나흐다의 지도자 라시드 간누시의 망명을 받아들였다. 1990년대에도 탄압은 계속됐고 실업률은 치솟았다.

이것이 바로 중동 지역을 휩쓴 민중봉기의 물꼬가 트인 배경이며 이 물결은 아랍의 봄이라 불리게 되었다. 2010년 12월 26세의 모하메드 부아지지는 어머니와 형제를 도와 길거리에서 과일을 팔다가 허가받지 않은 노점상이란 이유로 경찰에게 과일과 노점 장비를 모두 빼앗긴다. 그리고 정부에 선처를 호소했지만 거절당했다. 부아지지는 더 이상 참지 않고 길거리로 돌아가 자신의 몸에 휘발유를 들이붓고 불을 붙였다. 이 끔찍한 사건에 관한 소식은 무섭게 퍼졌다. 튀니지 전국에서 사람들이 그간의 탄압과 빈곤층에 대한 부당한 대우에 항의하며 길거리로 쏟아져 나왔다. 이러한 불안정을 억제하려는 정부의 잔인한 진압 방식은 오히려 국민을 자극했을 뿐이었다. 한 달이 채 되기 전에 벤 알리는 사임했고 사우디아라비아로 망명했다.

추방됐던 지도자들은 튀니지로 돌아왔고 새로운 헌법의 기틀을 세우는 헌법 제정단을 구성하기 위해 선거가 실시됐다. 이슬람교 정당 엔나흐다는 이집트의 무슬림 형제단에 상응하는 가장 적합한 조직이었고 엔나흐다가 경제적 개혁과 인권보호를 추구한다는 건 널리 알려진 사실이었다. 따라서 순조롭게 선거에서 승리를 거둘 수 있었다. 한편 세속주의 정당의 지하드 조직은 혁명의 불안정성을 틈타 계속 활동했다. 2명의 충실한 세속주의자가 암살당하고 경제가 침체되면서 긴장감은 높아져갔다. 2013년 여름 대중적인 불만은 대규모 시위로 번졌다. 그후 2014년 선거에서 세속주의 정당 니다 투니스가 승리를 거뒀고 이슬람교도와 좌파의 연정은 계속 이어졌다. 이들의 합작품은 2015년 튀니지 국민4자대화기구가 노벨 평화상을 수상하며 인정받게 되었다. 국민4자대화기구는 튀니지 노동조합총연맹, 튀니지 산업·무역·수공업협회, 튀니지 인권연맹, 그리고 튀니지 변호사회로 구성되어 있다.

이 장에서 개략적으로 다룬 국가들은 대부분의 무슬림이 식민시대 이후 회복과 발전의 과정에서 어떻게 역경을 헤쳐나가고 있는지를 보여주는 예다. 전 세계에서 의료 및 교육,

재해구호사업을 위해 노력하는 자선단체들처럼 이들 국가들의 수많은 개인과 조직들은 함께 고군분투하고 있다. 그리고 이러한 노력들은 국제적으로 인정받고 있다. 2006년 노벨 평화상은 방글라데시의 경제학자 무함마드 유누스에게 주어졌다. 유누스는 빈곤 감소를 위한 수단으로 마이크로 파이낸스(micro finance, 저소득층에게 소액대출, 저축, 보험 등의 다양한 금융 서비스를 제공함으로써 사회적 취약계층의 경제적 자립을 돕는 사업−옮긴이)를 개발한 그라민 은행의 설립자이다. 역대 노벨 평화상 수상자 중에는 3명의 무슬림 여성도 있다. 2003년에는 이란의 인권변호사 시린 에바디, 2011년에는 예멘의 이슬람교 인권운동가 타우왁쿨 카르만이 수상했으며 2014년에는 파키스탄의 말랄라 유사프자이가 어린이 인권을 위해 투쟁한 공로로 인도의 카일라시 사티아르티와 함께 공동수상했다. 이집트 소설가 나기브 마푸즈는 1988년 노벨 문학상을 수상하는 영광을 안았고 2006년에는 터키 소설가 오르한 파묵이 수상했다. 파키스탄의 압두스 살람은 1979년 미국의 스티븐 와인버그와 노벨 물리학상을 공동수상했다. 이집트계 미국인인 아메드 즈웨일은 1999년 노벨 화학상을, 터키의 아지즈 산자르는 같은 상을 2015년에 수상했다. 이들은 세계 공동체에 기여하는 무슬림의 가치를 대표함으로써 주류 무슬림들의 존경을 받고 있다. 국제 지하드 세력의 반서구적 테러행위가 아닌, 이들이 바로 무슬림이 이룬 업적이다.

06

종교는 갈등의 근원이 아니다

오사마 빈 라덴은 1989년 미국의 저널리스트 존 밀러와의 인터뷰에서 '미국의 검은 미래'를 예언했다. 나라는 분열되고 "아들들이 주검이 되어 집으로 돌아오는" 날이 온다는 것이었다.[1] IS 지도자 아부 바크르 알 바그다디는 2015년 3월 연설에서 신을 향해 "미국 및 그 동맹국들이 그들의 부를 탕진하고 우리가 신을 믿지 않는 자들에게서 승리하도록 이끌어 달라"고 기도했다.[2] 앞서 다뤘듯 대다수 서구인에겐 이러한 잔인한 문장들이 무슬림에 대한 첫인상이었다. 그리고 이것이 곧 모든 무슬림, 그리고 이슬람 자체가 반서구적이라는 일반화로 이어진 건 당연하다.

이슬람을 일부 무슬림이 서구 국가에 대한 적대감을 형성하는 토대라고 보는 관점은 최근 테러리즘이 발흥하기 훨씬

전부터 시작되었다. 윈스턴 처칠은 1897년 인도에서 기병으로 근무하던 시절, 북인도에 위치한 기지부터 아대륙 북서부의 아프간 지역까지 지배 영토를 확장하려는 대영제국에 맞서는 전사들을 목도했다. 처칠은 그들의 잔혹한 투쟁이 자기방어의 본능 또는 전사의 개인적인 용맹에서 비롯된다고 보지 않았다. 그 대신 그들의 종교가 "살육을 저지르도록 이끄는 유인책"이며 "무모하고 무자비한 맹신"을 가지고 싸우도록 그들을 독려한다고 보았다.[3] 다음 해 처칠은 영국의 식민화 노력에 저항하는 수단 국민들을 보며 이들은 영국이 제공할 수 있는 이익에 대해서는 전혀 인지하지 않는다는 데에 진심으로 놀라워했다. 이때도 처칠은 이러한 저항의 원인을 이슬람에서 찾았다. 그는 "이보다 더 시대에 역행하는 힘은 없을 것이다"라고 결론을 맺었다.[4]

오늘날 위와 같은 고정관념은 정치 이론으로 모습을 바꿨다. 단순한 외국인혐오와 이슬람혐오를 넘어 이슬람이 종교로서 서구와 충돌하는 방향으로 가고 있다고 심각하게 생각하는 학자들이 많다. 이 필연적인 '문명의 충돌'을 제시하는 가설들은 20세기 후반에 세워졌다. 20세기 전반 두 번의 잔혹한 세계대전이 끝나자 그다음 후반 50년은 자본주의적 '서구'와 공산주의적 '동구' 간의 냉전으로 얼룩졌다. 냉전은 실제로 30년이 넘는 시간 동안 처참한 사회·경제적 결과와 함께 꽤나 치열하게 진행됐다. 서구는 한국과 베트남, 아프가니스탄, 그리고 그 외 다수의 장소에서 동구와 싸웠다. 그러나 냉전은 1990년대에 종식됐다. 소련이 무너지고 동구는 공산주의를 포기했다. 옛 소련의 위성국들은 독립을 쟁취하고 민주정부를 수립했다. 이에 일부 이론가들은 민주주의의 미래에 대해 낙관론을 내놓기도 했다. 이제 공산주의적 전체주의의 어두운 그림자는 물러나고 모든 사회는 서구가 주창한 자유민주주의 모델을 향해 발전해나갈 것이라 보았다. 미국의 정치학자 프랜시스 후쿠야마가 큰 반향을 일으킨 저서 『역사의 종언The End of History and the Last Man』에서 예측한 바였다.[5]

그러나 후쿠야마의 스승인 정치학자 새뮤얼 헌팅턴은 이에 동의하지 않았다. 헌팅턴은 마르크스레닌주의 정부가 지배하는 국가나 비서구 기독교 국가에서는 모두 민주주의가 발전할 수 없다고 보았다. 서구의 지배적인 종교인 기독교는 민주주의와 양립할 수 있지만 다른 종교들은 그렇지 않다는 것이 헌팅턴의 주장이었다. 민주주의와 양립할 수 없는 종교에는 심지어 동방 기독교도 포함됐다. 그러나 헌팅턴이 민주화될 가능성이 가장 낮은 사회를 언급하며 주로 염두에 둔 건 이슬람이었고 이에 버금가는 종교는 유교였다. 헌팅턴의 관점에서 미래에는 전 세계가 민주주의적 조화를 이룰 것이라는 후쿠야마식 낙관론은 명분이 없었다. 헌팅턴은 인류는 태초 이래 언제나 서로를 위협하는 존재였다고 주장했다. 원시시대에는 부족 간의 경쟁으로 편을 갈랐다면 그다음은 제국, 그후엔 국가, 그리고는 이데올로기끼리 경쟁한다는 것이다. 인류 역사상 끊임없이 이어져 내려온 한 가지가 있다면 바로 충돌이다. 헌팅턴은 탈냉전시대 역시 마찬가지일 것이라고 주장했다. 1990년대 헌팅턴은 대표적인 저서 두 권을 통해 그 유명한 '문명의 충돌'을 예측했다.[6] 여기에서 그는 앞으로 새로운 세계전쟁이 벌어진다면 미국과 소련 두 강대국 간의 갈등을 대신하게 되는 건 바로 문명 간의 전쟁일 것이라 주장했다.[7] 특히 이러한 충돌은 서구 문명과 헌팅턴이 독특한 단일 문명이라 특정 지은 이슬람 문명 간에 일어날 것이라고 보았다.

충돌 가설은 물론 엄청난 논란을 불러일으켰다. 헌팅턴은 그중에서도 유럽이 전통적으로 정교분리의 사회였다는 점과 무슬림이 고대 그리스의 유산(민주주의를 의미한다—옮긴이)에 익숙하지 않다는 점을 무리하게 일반화해서 논지를 전개했다. 그는 유럽 역사에도 분명 종교적 권력과 세속적 권력 간 투쟁이 벌어졌던 시기가 있었다는 사실을 간과했다. 또한 전

통적인 이슬람 정치 이론은 실질적으로 입법의무와 행정의
무를 분리하고 있으며 입법의무의 경우 정부로부터 독립된
기관에서 적법하게 훈련받은 학자들의 몫이라는 사실을 인
지하지 못했다. 게다가 헌팅턴은 그리스의 걸작들이 아랍어
로 번역되고 다시 유럽의 학문 언어인 라틴어로 번역된 후에
야 서유럽이 고대 그리스의 유산을 발견할 수 있었다는 사실
을 몰랐다. 이 부족한 학식 외에도 헌팅턴의 가설에는 종교
를 불신하는 유럽의 근대주의 경향과 함께 유럽의 오랜 적수
가 믿는 종교인 이슬람에 대한 특별한 의심이 혼재해 있다.
유럽과 오스만제국 간의 경쟁이나 유럽 식민시대 무슬림의
저항은 유럽 전체에 긴 그림자를 드리웠다. 1993년 헌팅턴은
이슬람이 피로 얼룩진 역사를 가졌다고 말했다. 또한 1996년
에는 "내가 1993년 「포린 어페어스」에 기고한 글에서 가장
비판받은 부분은 '이슬람은 피로 얼룩진 경계선을 지녔다'라
는 부분일 것이다. 나는 문명 간 충돌에 대한 비형식적 조사
를 바탕으로 그런 판단을 했다. 모든 객관적 자료에서 나온
풍부한 근거들이 결정적으로 내 주장의 타당성을 증명하고
있다"고 더욱 강조했다.[8]

　사실 헌팅턴의 가설은 이슬람과 서구가 필연적으로 갈등
의 관계에 있다는 인식을 공유하고 있는 어느 학자가 처음

언급한 구절에서 따온 것이다. 저명한 중동역사학자인 버나드 루이스는 이슬람이 강력한 비무슬림인 서구에 분노하고 있으며 이러한 분노는 1683년 오스만제국이 비엔나를 함락하는 데 실패한 이후 시작되었다고 주장한다.[9] 더군다나 루이스는 무슬림이 서구를 미워하는 건 정말 자연스러운 일이라고 말한다. 그 이유는 서구가 지정학적으로 우세하기 때문이다. 유럽인이 18세기와 19세기 무슬림 지역의 대부분을 차지하기 전까지 일반적으로 무슬림은 무슬림의 지배를 받았고 자신들의 운명을 스스로 결정지었다. 그러나 이 모든 것이 근대 유럽 국가의 부흥으로 멈춰버리고 말았다. 유럽은 오스만제국의 팽창을 막고 무슬림의 땅을 식민 지배하며 궁극적으로는 강대했던 중세 이슬람제국들을 해체시키며 형세를 바꿔놓았다. 따라서 종교가 문제라고 본 헌팅턴과는 달리 루이스는 지정학적 경쟁이 투쟁의 핵심이라고 보았다. 그러나 이 두 학자의 관점에서 서구와 무슬림은 지금껏 그러했듯 앞으로도 서로에게 최대의 적으로 남을 것이다. 그리고 이 두 학자의 관점은 매우 영향력이 크다. 루이스는 조지 W. 부시 행정부 시절 백악관의 비공식 자문역을 맡았으며 2003년 미국의 이라크 침공에 힘을 실어준 것으로 널리 알려져 있다.[10] 저널리스트 피터 월드먼이 2004년 〈월스트리트 저널〉

에 기고했듯 루이스는 9·11 테러 이후의 모든 테러 문제들을 이슬람의 문제로 바라보도록 "백악관을 구슬리는 데에 일조"한 것이다.[11]

헌팅턴과 루이스가 유럽 및 미국과 무슬림 국가 간의 정치적 분쟁을 종교적 관점으로 프레임을 설정한 것에 대해 실제로 책임감을 느끼는지 여부와는 상관없이, 무슬림들은 서구와 이슬람이 피의 경쟁에 몰두하고 있다는 그들의 주장에 익숙하다. 또한 무슬림들이 여전히 식민주의에 분노하며 아프가니스탄과 이라크에서 진행 중인 서구의 전쟁을 통해 문자 그대로 어마어마한 인명 및 재산 피해를 입었다는 사실을 고려했을 때, 무슬림의 입장에서 이 충돌 가설은 의심할 여지도 없이 이슬람에 대한 뚜렷한 반감을 전형적으로 보여 준다. 제3장에서 살펴보았듯 2007년 월드 퍼블릭 오피니언이 모로코, 이집트, 파키스탄, 인도네시아에서 실시한 여론조사는 "다수의 응답자가 미국 외교 정책의 주요한 목표는 이슬람을 약화시키는 데에 있다고 믿는다"는 결과를 내놓았다. 월드 퍼블릭 오피니언 보고서에서 편집자 스티븐 컬은 "미국 지도자들이 이 갈등을 테러와의 전쟁으로 프레이밍 하는 동안 이슬람세계의 사람들은 미국이 이슬람과 전쟁을 벌이고 있다고 분명히 인식한다"라고 말했다.[12] 제1장과 제3장

에서 인용된 갤럽 여론조사는 전 세계 무슬림의 의견을 수집
한 역대 최대 규모의 조사였다. 조사 결과 대부분의 무슬림
은 그들의 종교에 대한 경멸, 또는 더욱 구체적으로는 이슬
람과 테러리즘 간의 결합 때문에 서구가 범세계적 대테러전
쟁(global war on terrorism, 군사 용어로는 GWTO)을 벌이게 된 것이
라 믿는다고 나타났다.[13]

이러한 인식은 테러리스트들이 종교적 프레임 안에서 서
구를 비난하는 이유를 잘 설명해준다. 또한 오늘날 일부 학
자들이 이슬람을 실제 테러리즘의 근원이라 주장하는 이유
이기도 하다. 저널리스트인 그레임 우드는, 테러리스트들은
이슬람적이지 않다고 보는 주류 무슬림 단체들의 주장에 반
박하는 프린스턴대학교의 버나드 헤이켈 교수의 말을 인용
해 논쟁을 이끌어냈다. 헤이켈은 테러리즘에 대한 주요 비난
들에 대해 "오직 고의적인 무지를 통해서만 지속될 수 있는,
그저 정치적으로 올바를 뿐인 무지갯빛 관점"으로 치부했다.
실제로 헤이켈은 IS 전사들이 "종교적 힘에 단단히 휩싸여
있다"고 보았다.[14]

헤이켈이 옳다는 데엔 의심의 여지가 없다. IS, 즉 이슬람
국가라는 이름이 분명히 말해주듯 이 집단과 그 외 여러 사
람들은 서구 정책에 반대하는 활동에 이슬람적 규범을 적용

한다. 그러나 그렇다 해서 헤이켈은 "이들은 그저 다른 이들과 마찬가지로 정당성을 지닌다"고 결론지어서는 안 된다. 이들은 이슬람적 언어를 사용하지만 그것이 이들의 설명을 정당하게 만들어주지는 않는다. 정당성에 관한 기준에는 전 세계적으로 적격한 종교지도자 또는 무슬림 전반의 의견이 포함되어야 한다. 헤이켈은 아주 오랜 옛날에도 무슬림 전사들이 아라비아부터 중동, 북아프리카를 지나 아시아에 이르기까지 세력을 넓히는 과정에서 노예제와 십자가형, 참수와 같은 잔혹행위를 저질러왔다고 지적한다. 이는 뉴욕대학교 역사학자인 로버트 호일랜드가 언급했듯 사실일 것이다. 호일랜드는 아랍제국이 다른 모든 제국들과 마찬가지로 지배력을 행사하고 유지하기 위해 폭력과 비폭력 전략을 결합해 사용했다고 말한다.[15] 그러나 이슬람이 다른 종교와 마찬가지로 7세기 이후 분명 발전해왔다는 것도 사실이다. 몇 세기를 거치면서 무슬림 지도자들은 우리가 지금껏 논의해온 테러리스트의 잔혹행위를 강력하게 비난할 수 있는 위치에 서게 되었다. 사실 우드는 거의 모든 무슬림이 IS가 이슬람을 대표하는 것을 거부한다는 사실을 인정한다.

갈등의 정치적 근원

따라서 대다수의 무슬림이 자신이 속한 사회 내에서 훌륭한 정치와 경제적 발전을 위해 평화적으로 노력하는 동안, 소수의 무슬림은 강력한 서구에 맞서는 세계적인 성전을 벌이자고 주장한다. 이 소수는 알 카에다와 그 분파인 IS로 대표된다. 알 카에다는 서구와 싸우는 데 초점을 둔다. 그리고 IS는 퇴보된 형태의 이슬람 율법에 따라 영토를 확보하고 통치해야 한다고 주장하는 어젠다를 던졌다. 전쟁 지역에서 정권이 붕괴되면서 매우 혼란스러운 상황을 이용해 IS는 나이지리아의 보코 하람이나 소말리아의 알 샤바브와 같은 지역적 테러 집단을 끌어들이고 있다. 그러나 알 카에다와 IS 모두 노련한 지하드 전략가 아부 바크르 알 나지의『야만의 경영』에서 영감을 얻고 있다(제2장 참조). 이 책은 주류 무슬림의 지위에서 동떨어진 무슬림들을 꾀어내기 위한 상세한 계획을 담고 있다. 알 나지는 주류 이슬람의 시각에 동의하는 사람들을 무지한 선동가라 비웃고 지하드 전사들과 싸우기 위해 비무슬림 및 세속주의자들과 유대를 공고히 하려는 이들의 노력을 비난했다. 대신 알 나지는 사람들 간의 차이를 교묘히 이용해야 한다고 전사들에게 지시한다. 그리고 지하드 전사들은 주류 무슬림에 대해 서구에 협력하는 비겁한 배반자라고 지속적으로 비난해야 한다. 알 나지는 세계적인 지하드 용사들은 반드시 전 세계 사회를 서로 대립하는 두 개의 집단으로 완전히 바꿔놔야 한다고 보았다. 그리고 테러공격에 착수해 큰 혼란을 일으켜야 한다면서, 이후 지하드 전사들이 개입해 이들 특유의 질서를 도입한다면 사람들에게서 큰 환영을 받게 될 것이라 주장했다. 전면전이 일어나게 되면 사람들은 세계적인 지하드 조직과 서구 중에서 선택해야만 할 것이고 그 과정에서 얼마나 많은 무슬림이 죽는지는 문제가 되지 않는다는 것이 알 나지의 주장이다.[16]

또한 알 나지는 군사적으로 서구를 물리치기 위한 전략을 제시하며, 서구를 전쟁에 끌어들임으로써 스스로 소모되고 궁극적으로는 파괴되도록 만들어야 한다고 했다. 지하드 전사들은 자신들이 아프가니스탄에서 소련을 그런 방식으로 처단했다고 믿고 있다. 9·11 테러는 이러한 목적을 달성하기 위해 기획됐다. 빈 라덴이 「미국에 보내는 서한」을 공개하던 2001년도 당시 미국은 실제로 아프가니스탄을 침공했다. 빈 라덴은 2002년 메시지에서 미국이 아프가니스탄에서 전쟁범죄를 저질렀다고 맹비난했다. 그는 "무고한 사람들이 옹기종기 모여 살던 마을을 완전히 파괴하고 모스크 위로 폭탄을 떨어뜨렸다. 그리고 알라만이 당신과 당신 앞잡이 손에서 얼마나 많은 사람이 고문으로 죽어가는지 알 것이다"라고 말했다. 그러나 빈 라덴이 흘린 눈물은 그저 악어의 눈물이었다. 미국을 아프가니스탄으로 끌어들임으로써 사람들에게 서구의 악행을 납득시키고 마오식 게릴라 공격을 효과적으로 가할 수 있는 위치에 서구를 놓으려는 지하드 세력의 노력은 빛을 보았다.

　마오쩌둥 외에도 알 나지는 영국의 역사학자 폴 케네디의 권위에 기댔다. 알 나지는 출처를 밝히지 않은 채 케네디의 말을 잘못 인용했지만 포인트는 정확히 짚어냈다. 케네디는 1989년에 출간해 널리 알린 저서 『강대국의 흥망The Rise and Fall of the Great Powers』에서 만약 한 국가가 "지리학적으로나 전략적으로 필요 이상 팽창한다면, 그리고 국가 수입의 상당 부분을 생산적인 투자보다 방어에 쓰기로 했다면" 국가의 경제와 국제적 위상은 위협받게 될 것이라고 언급했다.[17] 알 나지는 이러한 케네디의 이야기를 미국이 전략적으로 과대 확장을 하다가 결국 멸망하게 될 것이라고 바꿔 인용했다. 테러공격은 그러한 과대 확장을 부추기는 전략적 이유가 된다는 것이다. 지하드 세력은 일단 서구가 '땅에 발을 디디면' 자신들이 서구의 진을 빼놓아 결국은 패배하게 만들 수 있다고 믿는다.

이들의 언어는 종교적이나 목표는 정치적이고 전략은 정확하게 세속적이다.

그러나 헤이켈의 말처럼 거의 모든 무슬림이 국제적인 지하디즘을 거부함에도 불구하고 테러리스트들이 지닌 정치적 불만과, 설득의 수단으로서의 테러리즘에 반대하는 주류 무슬림이 지닌 정치적 불만 간에는 분명 겹치는 부분이 존재한다. 이는 2004년 미국 국방부 장관 폴 월포위츠가 의뢰한 보고서에도 드러난다. 이 보고서는 "무슬림들은 우리의 자유를 증오하지 않는다. 그보다는 우리의 정책을 증오하는 것이다"라고 결론 내렸다. 또한 주요 여론조사와 지하드 전사의 성명서에서 동일한 이슈들이 제시된다면서, 여기엔 서구가 국민의 인권과 정치적 권리, 그리고 시민적 권리를 침해하는 독재정권들을 지원한다는 인식이 포함된다고 지적했다. 그리고 아프가니스탄과 이라크에서 벌어진 전쟁이 두 국가의 민중과 미국의 평판에 치명타를 주었다고 언급했다. 서구가 현재 파괴적인 행태를 보이면서도 해방군을 자처하고 있는 이 '9·11 이후의 극적인 서술'은 서구는 악마의 군대이며 맞서 싸워야 한다고 보는 지하드 세력의 주장에 설득력을 안겨준다. 이 보고서는 "테러리스트 집단이 증가하고 있을 뿐 아니라 공유된 명분이 보여주는 통일적인 맥락은 이슬람을 분

열시키던 수많은 문화적 및 종파적 경계를 아우르는 소속감을 만들어내고 있다"라고 주장한다.[18]

앞으로 나아갈 길

현재 중동에서 벌어지고 있는 전쟁의 복잡성은 믿기 어려울 정도다. 예를 들어, 이라크에선 서구 동맹국들과 이란이 시아파 정권의 지지를 받는 급진적인 수니파 테러리스트들과 싸우고 있다. 옆 나라 시리아에선 그 반대다. 이란이 시아파 정부를 지원하는 동안 서구 동맹국들과 급진적 수니파 테러리스트들이 이에 함께 맞서는 한편 서로에게도 대항하고 있다. 그리고 예멘에서는 이란이 시아파 반란군을 지지하는데, 이 반란군은 급진적 수니파 테러리스트들의 표적이자 미국과 영국의 지원을 받는 사우디아라비아의 표적이기도 하다. 게다가 이러한 갈등들은 여전히 무국적 상태인 팔레스타인족과 쿠르드족 등 탈식민시대의 지역적 문제들 위에 덧대어졌다. (쿠르드족은 19세기부터 독립을 추구하고 있는 수적으로 우세한 무슬림 소수민족이다. 제1차 세계대전 이후 쿠르드족의 영토는 외세에 의해 분할되었다. 쿠르드족 대부분은 터키에 살고 있으며 그다음은 이라크, 시리아, 이란순이다.)

그러나 두 가지 요점을 반드시 명심할 필요가 있다. 우선, 우리의 곤혹스러움은 전쟁의 야만성과 고통에 비하면 하찮다는 것이다. 서구의 지원을 받는 사우디아라비아는 학교와 병원을 포함해 예멘의 시아파를 공격했고, 그 잔인성과 관련해 전쟁범죄 혐의가 제기되었다.[19] 그리고 이러한 고난은 반서구적 태도를 야기했다. 두 번째로, 무슬림 다수 지역에서 계속되는 전쟁은 지하드 세력의 서술에 더 큰 신뢰를 더할 뿐 아니라 이들에게 더 큰 기회의 공간을 주게 된다는 것이다. 즉, 혼란 속에서 지하드 전사 모집과 게릴라 전술은 가장 효과적일 수 있다.[20]

따라서 무엇을 끝내야 하는가? 혹자는 서구가 좀 더 분명한 소통을 통해 목적을 밝힘으로써 무슬림들이 서구의 선의를 알아차리도록 해야 한다고 말한다. 그러나 앞서 언급한 월포위츠 보고서는 미국 외교가 인기 없는 정책의 결과로 "신뢰에 대한 근본적인 문제를 안게 되었다. 단순히 말하자면, 전혀 신뢰가 없다"라고 결론짓고 있다. 이 보고서는 놀랍도록 명료하게 무슬림 국가에서 외세의 침략은 그것이 직접적인 군사 개입이든 지지율 낮은 정부에 대한 지원이든 간에 테러리즘의 증가에 박차를 가하게 된다고 말하고 있다. 따라서 미국이 현 정책, 즉 이슬람 국가의 내부 실정과는 상관없이 서구의 경제적 이익에 도움이 되는 정부를 지원하는 방식을 유지하는 것이 목표라면 기존의 정책에 새로운 메시지를 입히기 위해 미디어와 홍보에 돈을 쏟아붓는 것은 낭비다. 마찬가지로, 갈수록 보안의 강도는 더 세어지고 있다. 최근 브뤼셀, 이스탄불, 앙카라, 그리고 라호르에서 일어난 테러공격이 그러했듯 앞으로도 늘 소프트 타깃(민간인에 대한 정치적 목적의 테러행위-옮긴이)이 발생할 것이다. 그리고 서구의 정책이 정당하지 않는 한 공격을 하려는 이들은 늘 존재할 것이다. 반면에 테러리즘을 막는 것이 목표라면 앞으로 나아가야 할 길은 분명하다. 테러리스트에게 충성하는 이들을 분노하게 만드는 정책들을 다시금 검토하라는 것이다. 여러 수상경력에 빛나는 프랑스 경제학자 토마 피케티는 테러조직에 맞서 싸워야 한다고 이야기한다. 그러면서도 우리는 테러조직을 만들어내는 정치적 조건들, 즉 치욕과 불의에 대해 다시 한번 검토해야 한다는 것이 그의 주장이다. 피케티는 "진짜 쟁점은 이곳과 그곳 모두에서 사회적 발전을 위한 공정한 모델을 수립하는 것이다"라고 말한다.[21]

2015년 9월, 나는 이집트 무슬림 형제단의 망명 지도자들을 만났다. 현 이집트 지배층으로부터 '필사적인 테러리스트'로 규정당한 인물들이었다. 나는 그들에게 이 책의 제목과 같은 질문을 던졌다. 그들의 반응은 다음과 같았다. "정치적인 민족자결권이 서구의 적인가? 경제적 자립이 서구의 적인가? 종교의 자유, 표현의 자유, 그리고 집회의 자유가 서구의 적인가?" 이는 이슬람교도인지의 여부와는 상관없이 주류 무슬림이 추구하는 목표들이다. 따라서 이 질문에 대한 답은 분명해 보인다. 서구의 정책으로 인해 고통받는 무슬림들은 서구의 적이 될 수도 있다. 그러나 이는 그들의 종교 탓이 아니다. 명망 있는 정치인인 요르단의 하산 왕자는 2008년 UN 총회에서 "나는 우리가 더 넓은 맥락 안에서 안보의 의미를 만들어내는 것이 당연하다고 본다"라고 말했다.[22] 여기에서의 맥락이란, 단순히 공동이윤을 창출하기 위해서가 아니라 식량, 의료, 교육, 그리고 정치적 참여에 대한 접근권리를 포함한 기본적인 인권을 추구하기 위해 국제적으로 협력해야 한다는 것이다. 하산 왕자는 이것이 인간안보(human security, 안보의 궁극적인 대상인 인간을 위해 인권, 환경보호, 민주주의 등이 보장되어야 세계평화가 가능하다고 보는 개념 — 옮긴이)를 위한 토대가 된다고 보았다. 국제 테러리스트나 이슬람혐오 정당이 전 세계적인 무슬림과 비무슬림사회 간의 공포와 불신, 증오를

만들어내기 위해 정치적 불만을 이용하지 못하도록 확실히
하기 위해선 이러한 인간안보가 필수적이다.

함께 읽을 만한 책

이슬람과 서구 간의 분명한 대립(제1장 이슬람 대 서구)에 대해 더 많이 알고 싶은 독자라면 버나드 루이스의 「The Roots of Muslim Rage(The Atlantic Monthly, 1990년 9월, pp.47-60)」와 새뮤얼 헌팅턴의 고전 『The Clash of Civilizations and the Remaking of World Order(New York: Simon & Schuster, 1996)』가 도움이 될 것이다. 루이스는 무슬림이 무굴제국과 오스만제국의 멸망으로 잃게 된 힘의 균형을 마침내 되찾기 위한 노력의 일환으로 서구 권력에 맞서는 것이라고 주장한다. 헌팅턴은 무슬림의 정치적 가치는 태생적으로 서구의 정치적 가치의 정반대에 있으며 따라서 서구의 자유민주주의 국가와 이슬람의 권위주의적 국가 간의 충돌은 불가피하다고 보았다. 타리크 라마단은『Islam, the West and the Challenge of

Modernity(Markfield, Leicester: The Islamic Foundation, 2009)』에서 이러한 이슈에 대한 무슬림의 인식을 다뤘다. 에드워드 E. 커티스 4세의 『Bloomsbury Reader on Islam in the West(London: Bloomsbury Academic, 2015)』는 무슬림과 서구의 길고 때론 얽힌 역사를 잘 기록해놓은 다양한 책으로 독자들을 이끌어줄 것이다.

많은 학자들이 국제적인 지하디즘의 부흥과 본질을 탐구하고 있다(제2장 지하드: 메시지, 동기, 방법). 지하디즘의 발전과 확산에 대해 더 폭넓은 지식이 필요한 독자에게는 몬타세르 알 자야트의 『The Road to Al-Qaeda: The Story of Bin Laden's Right-Hand Man(London: Pluto Press, 2004)』을 추천한다. 이 책은 현 알 카에다의 지도자인 아이만 자와히리가 주류 이슬람교도에서 이집트의 국수주의적 지하드 전사를 거쳐 아프가니스탄의 국제 지하드 전사로 변화한 이야기를 담고 있다. 특히 이 책은 '먼 적(far enemy, 지하드 세력이 비무슬림 국가를 칭하는 말로 그중 미국이 가장 1순위 적이다-옮긴이)'에 대한 선제공격론의 변화를 설명하는 데에 효과적이다. 일 카에다의 입장과 관련한 더 많은 자료가 필요하다면 질 케펠의 『Al-Qaeda in Its Own Words(Cambridge, MA: Belknap Press, 2010)』가 도움이 될 것이다. 패트릭 콕번의 『The Rise of Islamic State: ISIS and the

New Sunni Revolution(London: Verso, 2015)』은 서구의 이라크 군사작전 실패가 어떻게 IS의 발흥에 영향을 주었는지 보여준다. 마이클 W. S. 라이언의 『Decoding Al-Qaeda's Strategy: The Deep Battle against America(New York: Columbia University Press, 2013)』는 국제 지하드 조직의 게릴라전쟁 전략에 흥미를 지닌 이들에게 필독서가 될 것이다. 윌리엄 매캔츠의 『The ISIS Apocalypse: The History, Strategy, and Doomsday Vision of the Islamic State(New York: St Martin's Press, 2015)』는 IS가 어떻게 부상했고 더욱 잔혹성을 띠는 칼리프 국가를 선언하면서 알 카에다와 결별했는지 설명해준다. 또한 매캔츠는 IS와 보코 하람, 알 샤바브 간의 관련성을 다뤘다. 제시카 스턴과 J. M. 버거는 『ISIS: The State of Terror(New York: HarperCollins, 2015)』에서 IS의 독특한 종교적 해석과 스너프 비디오(snuff video, 실제 살해 장면을 촬영한 영상물-옮긴이)를 포함해 서구에서 IS가 모병하는 방식을 묘사하고 있다. 대니얼 바이먼의 『Al Qaeda, the Islamic State, and the Global Jihadist Movement: What Everyone Needs to Know(Oxford: Oxford University Press, 2015)』는 알 카에다와 그 파생조직인 IS의 주요 차이점을 설명한다. 알 카에다나 IS 등 국제 테러조직과 팔레스타인의 하마스나 레바논의 헤즈볼라 등 테러리스트 전략을 사용하는 독립운동

단체 간의 차이가 궁금하다면 세라 로이의『Hamas and Civil Society in Gaza: Engaging the Islamist Social Sector(Princeton, NJ: Princeton University Press, 2013)』와 어거스터스 리처드 노턴의『Hezbollah: A Short History(Princeton, NJ: Princeton University Pass, 2014)』를 참고할 수 있을 것이다.

주류 무슬림의 반테러리즘에는 관련 자료가 많다(제3장 테러에 저항하는 무슬림). 존 L. 에스포지토와 달리아 모가헤드의『Who Speaks for Islam? What a Billion Muslims Really Think(New York: Gallup Press, 2007)』는 전 세계 무슬림을 표본으로 한 첫 여론조사에 기반을 두고 있으며 압도적인 수의 무슬림이 테러리즘에 반대하며 민주주의 정치와 인권, 경제적 개발을 추구한다는 사실을 보여준다. 전쟁에 관련한 이슬람 율법을 다룬 고전은 마이드 카두리의『War and Peace in the Law of Islam(Clark, NK: The Lawbook Exchange, 2015)』(초판은 1955년에 발행됨)이다. 레우벤 파이어스톤의『Jihad: The Origin of Holy War in Islam(Oxford: Oxford University Press, 2002)』과『Holy War in Judaism: The Rise and Fall of a Controversial Idea(Oxford: Oxford University Press, 2012)』는 고전적인 이론들을 대조해 보여준다. 존 L. 에스포지토의『Unholy War: Terro in the Name of Islam(Oxford: Oxford University Press, 2003)』은 테

러리즘의 발흥과 테러리스트들의 독특한 이슬람 율법 적용을 이해하는 데에 도움이 된다. 가지 빈 무함마드와 이브라힘 칼린의『War and Peace in Islam: The Uses and Abuses of Jihad(Great Shelford, Cambridge: Islamic Texts Society, 2013)』에서는 무력 허용에 대한 테러리스트들의 주장을 다양한 학자들이 조심스레 반박하고 있다. 세예드 호세인 나스르의『Islam in the Modern World: Challenged by the West, Threatened by Fundamentalism, Keeping Faith with Tradition(New York: HarperOne, 2012)』은 전통적인 이슬람이 지닌 심오한 종교적 관점에 대해 풀어내면서 전통 이슬람은 세속적인 현대의 물질만능주의와 이슬람 극단주의의 명백한 비전통적 폭력에 반대한다고 설명한다. 카렌 암스트롱의『Fields of Blood: Religion and the History of Violence(New York: Anchor, 2015)』는 독자들이 이슬람 테러리즘을 좀 더 넓은 역사적 맥락 안에서 이해할 수 있도록 돕는다. 종교가 폭력의 근원이라고 주장하는 이들에게 맞서, 암스트롱은 그럼에도 불구하고 정치적 목적을 합리적으로 수행하는 것이 손쉽게 가능할 것이라고 강조한다.

　전 세계 무슬림의 특정 관심사에 대한 배경지식을 늘리고 싶은 독자라면 다음의 책들이 도움이 될 것이다(제4장 공동의 불만). 제임스 겔빈의 『The Israel-Palestine Conflict: One Hundred Years of War(Cambridge: Cambridge University Press, 2016)』, 라시드 칼리디의 『The Iron Cage: The Story of the Palestinian Struggle for Statehood(New York: Beacon, 2007)』, 안나 폴릿콥스카야와 알렉산더 버리의 『A Small Corner of Hell: Dispatches from Chechnya(Chicago: University of Chicago Press, 2003)』, 수만트라 보스의 『Kashmir: Roots of Conflict, Paths to Peace(Cambridge, MA: Harvard University Press, 2005)』, 그리고 아짐 이브라힘의 『The Rohingyas: Inside Myanmar's Hidden Genocide(London: Hurst, 2016)』 등이다.

무슬림 국가들의 계속되는 민주화 투쟁은 특히나 2010년과 2011년 아랍의 봄의 관점에서 수많은 학술 자료의 주제가 되었다(제5장 주류 무슬림의 전략). 제임스 겔빈의 『The Arab Uprisings: What Everyone Needs to Know(Oxford: Oxford University Press, 2015)』는 개요를 살펴보기에 유용하다. 존 L. 에스포지토와 존 O. 볼, 타마라 손의 공저 『Islam and Democracy after the Arab Spring(Oxford: Oxford University Press, 2015)』은 이란과 파키스탄, 인도네시아, 세네갈, 튀니지, 이집트에서의 궤적을 좇는다. 이 책을 통해 독자들은 무슬림 국가의 민주화에 대해 이론과 추세, 구체적 사례 등 더욱 심오한 배경지식을 얻을 수 있을 것이다.

질 케펠의 『The War for Muslim Minds: Islam and the West(Cambridge, MA: Belknap Press, 2006)』는 제6장 '종교는 갈등의 근원이 아니다'에 관련해 더욱 심층적인 지식이 필요한 이들에게 추천한다. 이 책은 세계적인 테러와의 전쟁이 미친 영향에 대해 통찰력 있는 분석을 선사한다. 서구의 군사행위가 무슬림 시민사회에는 재앙이 되었고 정치적 개혁과 경제적 발전을 위한 노력을 저해했으며 그 과정에서 국제 테러조직에 전사들이 새로이 가담하게 만들었다는 것이다. 타리크 라마단은 『Islamic Ethics: A Very Short Introduction(Oxford: Oxford University Press, 2014)』을 통해 주류 무슬림의 가치에 대해 짧고 명료하게 설명했다. 레이먼드 윌리엄 베이커의 『Islam without Fear: Egypt and the New Islamist(Cambridge, MA: Harvard University Press, 2006)』는 무슬림 형제단과 같은 주류 이슬람교도들의 목적을 이해하는 데 도움이 될 것이다.

주석

제1장 이슬람 대 서구

1 Daesh (*da`ish*) is an acronym for the group's original name, Islamic State in Iraq and Syria (*al-dawlat al-islamiyyah fi'l-`iraq wa'l-sham)*. Similar to another Arabic term (*da`s*) meaning, roughly, "to trample or crush," it is a derogatory term used by the group's opponents – that is, most of the world. ISIL and ISIS are the English initials for variant translations of *al-sham*: the Levant (an archaic term for the eastern Mediterranean) and Syria.

2 "Full Text: Bin Laden's 'Letter to America'," *The Guardian*, November 24, 2002 (http://www.the guardian.com/world/2002/nov/24/theobserver).

3 Glenn Beck, *It IS About Islam: Exposing the Truth about ISIS, Al Qaeda, Iran, and the Caliphate* (New York: Threshold Editions/Mercury Radio Arts, 2015), p. 8.

4 See John L. Esposito and Dalia Mogahed, *Who Speaks for Islam? What a Billion Muslims Really*

Think (New York: Gallup Press, 2007), pp. 69–70, 74, 77.

5 Michael Lipka, "Muslims and Islam: Key Findings in the US and around the World," Pew Research Center, December 7, 2015 (http://www.pew research. org/fact-tank/2015/12/07/muslims-and-islam-key-findings-in-the-u-s-and-around-the-world/).

6 http://kurzman.unc.edu/Islamic-statements-against-terrorism/.

제2장 지하드: 메시지, 동기, 방법

1 "Bin Laden's Fatwa," August 23, 1996 (http://www.pbs.org/newshour/updates/military-july-dec96-fatwa_1996/).

2 Published in Arabic in *al-Quds al-Arabi*, London, February 23, 1998, p. 3 (https://www.library.cornell.edu/colldev/mideast/fatw2.htm); translation by FAS (http://fas.org/irp/world/para/docs/980223-fatwa.htm).

3 "Full Text: Bin Laden's 'Letter to America'," *The Guardian*, November 24, 2002 (http://www.theguardian.com/world/2002/nov/24/theobserver).

4 "What Did Abu Bakr al-Baghdadi Say?" *Middle East Eye*, July 5, 2014 (http://www.middleeasteye.net/news/what-did-baghdad-say-320749010).

5 "In New Audio Speech, Islamic State ISIS Leader Al-Baghdadi Issues Call to Arms to All Muslims," The Middle East Media Research Institute, May

14, 2015 (http://www.memrijttm.org/in-new-audio-speech-islamic-state-isis-leader-al-baghdadi-issues-call-to-arms-to-all-muslims.html).

6 Institute for Economics and Peace, *Global Terrorism Index 2015* (http://static.visionofhumanity.org/sites/default/files/2015 % 20Global % 20Terrorism % 20 Index%20Report_0_0.pdf).

7 National Counterterrorism Center, "2011 Report on Terrorism" (Washington DC: Office of the Director of National Intelligence, 2012), p. 14.

8 "Concerns about Islamic Extremism on the Rise in the Middle East," Pew Research Center, July 1, 2014 (http://www.pewglobal.org/2014/07/01/concerns-about-islamic-extremism-on-the-rise-in-middle-east/).

9 M. Cherif Bassiouni, "Misunderstanding Islam on the Use of Violence," *Houston Journal of International Law*. 37:3 (July 2015): 645–6.

10 Abu Bakr al-Naji, *Idarat al-Tawahhush* (Management of Savagery). English translation: *The Management of Savagery: The Most Critical Stage Through Which the Umma Will Pass*, trans. William McCants (Cambridge, MA: The John M. Olin Institute for Strategic Studies, 2006), pp. 21–2 (https://azelin.files.wordpress.com/2010/08/abu-bakr-naji-the-management-of-savagery-the-most-critical-stage-through-which-the-umma-will-pass.pdf).

11 Abu Mus`ab al-Suri, *Da`wat al-Muqawamat al-Islamiyyat al-`Alamiyyah* (The Call to Global Islamic Resistance) (https://archive.org/details/Dawaaah). Partial translation: *The Global Islamic Resis-*

tance Call (https://archive.org/stream/TheGlobal IslamicResistanceCall / The _ Global _ Islamic _ Resis tance_Call_Chapter_8_sections_5_to_7_LIST_OF_ TARGETS#page/n0/mode/1up), Chapter 8, Section 6.

12 Abu Amru al-Qa`idi, "A Course in the Art of Recruiting," *Onemagazine* (http://www.onemaga zine.es/pdf/al-qaeda-manual.pdf).

13 "Translation of 'Revolutionary Wars'," in Michael W.S. Ryan, *Decoding Al-Qaeda's Strategy: The Deep Battle against America* (New York: Columbia University Press, 2013), pp. 271–2.

14 "Bin Laden's Fatwa" (as note 1).

제3장 테러에 저항하는 무슬림

1 Michael W.S. Ryan, *Decoding Al-Qaeda's Strategy: The Deep Battle against America* (New York: Columbia University Press, 2013), p. 60.

2 "Muslim Public Opinion on US Policy, Attacks on Civilians and al Qaeda," World Public Opinion.org., April 24, 2007 (http://www.worldpublicopinion.org/ pipa/pdf/apr07/START_Apr07_rpt.pdf).

3 John L. Esposito and Dalia Mogahed, *Who Speaks for Islam? What a Billion Muslims Really Think* (New York: Gallup Press, 2007), pp. 69–70.

4 Gallup World Poll, "Views of Violence" (http://www. gallup . com / poll / 157067 / views - violence . aspx ? g_ source=MUSLIM_STUDIES&g_medium=topic&g_ campaign=tiles).

5 The statements just cited and others have been

compiled and are available at kurzman.unc.edu/ Islamic-statements-against-terrorism/, for example.

6 "Open Letter to Al-Baghdadi" (http:// www.letterto baghdadi.com/).

7 M. Cherif Bassiouni, "Misunderstanding Islam on the Use of Violence," *Houston Journal of International Law*, 37:3 (July 2015): 651.

8 http://www.kurzman.unc.edu/Islamic-statements-against-terrorism/. Interview, December 16–18, 2005, London–Leeds–Manchester.

제4장 공동의 불만

1 "Text: President Bush Addresses the Nation," September 20, 2001 (http://www.washingtonpost. com/wp-srv/nation/specials/attacked/transcripts/ bushaddress_092001.html).

2 "Full Text: Bin Laden's 'Letter to America'," *The Guardian*, November 24, 2002 (http://www.the guardian.com/world/2002/nov/24/theobserver).

3 http://kurzman.unc.edu/Islamic-statements-against-terrorism/; Islamic Republic News Agency, September 16, 2001.

4 John Powers, *Sore Winners: American Idols, Patriotic Shoppers, and Other Strange Species in George Bush's America* (New York: Anchor, 2005), p. 95. As if to confirm that point, Public Policy Polling released results of US public opinion in December 2015, indicating that of 532 Republicans asked if they would support the bombing of Agrabah, nearly a third said they would; just over half said they

weren't sure. Agrabah is the fictional kingdom in the Disney cartoon *Aladdin*. Jana Kasperkevic, "Poll: 30% of GOP Voters Support Bombing Agrabah, the City from Aladdin," *The Guardian*, December 18, 2015 (http://www.theguardian.com/us-news/2015/dec/18/republican-voters-bomb-agrabah-disney-aladdin-donald-trump).

5 "Palestinian Refugee Numbers/Whereabouts," IRIN, June 22, 2010 (http://www.irinnews.org/report/89571/middle-east-palestinian-refugee-numbers-whereabouts); https://www.unrwausa.org/.

6 "Israel and Occupied Palestinian Territories 2015/2016," Amnesty International Annual Report 2015/2016 (https://www.amnesty.org/en/countries/middle-east-and-north-africa/israel-and-occupied-palestinian-territories/report-israel-and-occupied-palestinian-territories/).

7 Boutros Boutros-Ghali, *Unvanquished: A US–UN Saga* (New York: Random House, 1999), p. 138. For information on the related conflict in Ethiopia's Ogaden region, see Ogaden Human Rights Committee, "Human Rights Violations in the Ogaden by the Ethiopian Government, 1991 to 1996," July 1996 (http://www.ogadenrights.org/Human_Rights_Violations.pdf).

8 Human Rights Watch, "World Report 2015: Burma (Events of 2014)" (https://www.hrw.org/world-report/2015/country-chapters/burma).

9 Samar Batrawi, "Understanding ISIS's Palestine Propaganda," Al-Shabaka: The Palestinian Policy Network, March 31, 2016 (https://al-shabaka.org/

commentaries / understanding - isiss - palestine - propa ganda/).

제5장 주류 무슬림의 전략

1 See, for example, Fergus Hanson, "Indonesia Poll 2012: Shattering Stereotypes: Public Opinion and Foreign Policy," Lowy Institute for International Policy (http://www.lowyinstitute.org/files/lowy_indo nesia_poll_2012.pdf).

2 United Nations Development Programme, "Table 1: Human Development Index and Its Components" (hdr.undp.org/composite/HDI).

제6장 종교는 갈등의 근원이 아니다

1 Interview with Osama bin Laden, Frontline, Pbs.org, May 1998 (http://www.pbs.org/wgbh/pages/front line/shows/binladen/who/interview.html).

2 "In New Audio Speech, Islamic State ISIS Leader Al-Baghdadi Issues Call to Arms to All Muslims," The Middle East Media Research Institute, May 14, 2015 (http://www.memrijttm.org/in-new-audio- speech-islamic-state-isis-leader-al-baghdadi-issues- call-to-arms-to-all-muslims.html).

3 Winston Churchill, *The Story of the Malakand Field Force: An Episode of Frontier War* (New York: Dover, 2010 [1898]), p. 4.

4 Winston Churchill, *The River War* (London: Longmans, Green & Company, 1899), 1st edn, Vol. II, p. 248.

5 Francis Fukuyama, *The End of History and the Last Man* (New York: Free Press 1993).

6 Samuel P. Huntington, "The Clash of Civilizations?," *Foreign Affairs*, Summer 1993: 22–49; *The Clash of Civilizations and the Remaking of World Order* (New York: Simon & Schuster, 1996).

7 Huntington, "The Clash of Civilizations?," p. 39.

8 Huntington, *The Clash of Civilizations*, p. 258.

9 Bernard Lewis, "The Roots of Muslim Rage," *The Atlantic Monthly*, September 1990: 47–60.

10 Josh Nathan-Kazis, "Neocons Gather to Fete Iraq War Godfather Bernard Lewis," *Forward*, September 20, 2012 (http://forward.com/news/163089/neo cons-gather-to-fete-iraq-war-godfather-bernard/),

11 Peter Waldman, "Containing Jihad: A Historian's Take on Islam Steers US in Terrorism Fight. Bernard Lewis's Blueprint: Sowing Arab Democracy Is Facing a Test in Iraq – The 'Clash of Civilizations'," *Wall Street Journal*, February 3, 2004 (http://www.pierre tristam.com/Bobst/library/wf-214.htm).

12 "Muslims Believe US Seeks to Undermine Islam," WorldPublicOpinion.org, April 24, 2007 (http://www.worldpublicopinion.org/pipa/articles/brmid dleeastnafricara/346.php).

13 John L. Esposito and Dalia Mogahed, *Who Speaks for Islam? What a Billion Muslims Really Think* (New York: Gallup Press, 2007), pp. 86–7.

14 Graeme Wood, "What ISIS Really Wants." *The Atlantic*, March 2015. (http://www.theatlantic.com/ magazine/archive/2015/03/what-isi-really-wants/ 384980/).

15 Robert G. Hoyland, *In God's Path: The Arab Conquests and the Creation of an Islamic Empire* (New York: Oxford University Press, 2014), p. 56.

16 Abu Bakr al-Naji, *Idarat al-Tawahhush* (Management of Savagery), p. 46 (Section 7). English translation: *The Management of Savagery: The Most Critical Stage Through Which the Umma Will Pass*, trans. William McCants (Cambridge, MA: The John M. Olin Institute for Strategic Studies, 2006), p. 108 (https://azelin.files.wordpress.com/2010/08/abu-bakr-naji-the-management-of-savagery-the-most-critical-stage-through-which-the-umma-will-pass.pdf).

17 Paul Kennedy, *The Rise and Fall of the Great Powers* (New York: Vintage, 1989), p. 539.

18 Defense Science Board, "Report of the Defense Science Board Task Force on Strategic Communication" (Washington DC: Office of the Under Secretary of Defense for Acquisition, Technology, and Logistics, September 2004) (http://fas.org/irp/agency/dod/dsb/commun.pdf), p. 40/111.

19 Colum Lynch, "US Support for Saudi Strikes in Yemen Raises War Crimes Concerns," *Foreign Policy*, October 15, 2015 (http://foreignpolicy.com/015/10/15/u-s-support-for-saudi-strikes-in-yemen-raises-war-crime-concerns/).

20 See Michael Guntner, Till Paasche, and Nahro Zagros, "Understanding ISIS," *Journal of South Asian and Middle Eastern Studies*, XXXVIII/2 (Winter 2015): 1.

21 Thomas Piketty, "Clamping Down with Law and

Order Will Not be Enough," *Le Monde*, November 24, 2015 (http://piketty.blog.lemonde.fr/2015/11/24/clamping-down-with-law-and-order-will-not-be-enough/).

22 HRH Prince El Hassan bin Talal, Thematic Debate on Human Security, United Nations General Assembly, New York, May 22, 2008, "Dignity and Justice for All of Us: Human Security on the Global Commons" (http://www.un.org/ga/president/62/statements/hrh elhasanspeech.pdf).